校企合作教材

网店客服
WANGDIAN KEFU

主　编　王　蕾　安普翠　徐凡淋
副主编　范文娜　吴妹玲　贺丽君　马致远

图书在版编目（CIP）数据

网店客服/王蕾,安普翠,徐凡淋主编.—武汉:中国地质大学出版社,2024.11.—ISBN 978-7-5625-5989-4

Ⅰ.F713.365.2

中国国家版本馆 CIP 数据核字第 202495DN04 号

网店客服

| 王　蕾　安普翠　徐凡淋 | **主　编** |
| 范文娜　吴妹玲　贺丽君　马致远 | **副主编** |

责任编辑:杨　念	选题策划:杨　念	责任校对:宋巧娥

出版发行:中国地质大学出版社(武汉市洪山区鲁磨路388号)	邮编:430074
电　　话:(027)67883511　　　传　　真:(027)67883580	E-mail:cbb@cug.edu.cn
经　　销:全国新华书店	http://cugp.cug.edu.cn

开本:787毫米×1092毫米　1/16	字数:197千字	印张:8.5
版次:2024年11月第1版		印次:2024年11月第1次印刷
印刷:湖北睿智印务有限公司		

ISBN 978-7-5625-5989-4	定价:37.00元

如有印装质量问题请与印刷厂联系调换

前　言

在数字化浪潮的推动下，电子商务已成为全球经济的重要组成部分，其便捷性、高效性和全球化特性深刻改变了商业模式与人们的消费习惯。作为电商生态系统中不可或缺的一环，网店客服不仅是企业与消费者之间的桥梁，更是提升客户满意度、塑造品牌形象、促进销售转化的关键力量。为了响应产教融合教育政策，加强校企合作，提高高职类院校电子商务专业学生的职业素养，烟台黄金职业学院与招远市富民电子商务公共服务中心、招远祥云礼品有限公司共同编写了教材《网店客服》。本教材紧紧围绕互联网经济快速发展对电子商务客服岗位技术技能人才的需求，以促进学生的可持续发展为出发点进行编写，旨在通过系统的理论阐述、丰富的实践案例、实用的沟通技巧与策略，为从事或即将从事网店客服工作的朋友们提供一本全面、专业、易学的参考书。

本教材共分为七章，由烟台黄金职业学院黄金经济与管理系电子商务教研室教师王蕾、安普翠、徐凡淋、范文娜、吴妹玲、贺丽君和招远市富民电子商务公共服务中心马致远共同完成。王蕾、安普翠、徐凡淋担任本教材的主编，负责对全书进行修改总纂。其中，王蕾负责编写第一、二章，安普翠负责编写第三、五章，徐凡淋负责编写第四章。范文娜、吴妹玲、贺丽君、马致远担任本教材的副主编，共同完成了第六、七章的编写工作。本教材在编写过程中得到了烟台黄金职业学院、招远市富民电子商务公共服务中心和招远祥云礼品有限公司的支持和帮助，在此一并表示衷心的感谢。

最后，我们衷心感谢所有参与本教材编写、审校和出版工作的同仁们，是你们的辛勤付出和无私奉献，使这本教材得以顺利出版。我们也期待广大读者能够提出宝贵的意见和建议，共同推动网店客服行业的持续健康发展。

编写组
二〇二四年五月于招远

目 录

第一章 网店客服概述 (1)
一、初识网店客服 (2)
二、网店客服应该具备的知识和技能 (3)
三、网店客服应具备的基本素质 (8)
四、网店客服岗位的重要性 (11)
五、课中任务实施 (12)
巩固练习 (20)
任务实施评价 (22)

第二章 售前客服 (23)
一、客户心理 (24)
二、售前服务 (26)
三、推荐销售的定义 (27)
四、课中任务实施 (28)
巩固练习 (34)
任务实施评价 (36)

第三章 售中客服 (37)
一、售中客服的工作内容 (38)
二、售中服务的目标 (38)
三、催单 (39)
四、订单处理 (42)
五、课中任务实施 (42)
巩固练习 (51)
任务实施评价 (53)

第四章 售后客服 (54)
一、售后服务 (55)
二、处理纠纷 (58)
三、回访客户 (64)
四、课中任务实施 (67)

巩固练习 …………………………………………………………………… (69)
　　任务实施评价 ……………………………………………………………… (72)
第五章　客服数据 …………………………………………………………… (73)
　　一、客服数据分析 …………………………………………………………… (74)
　　二、客服数据监控渠道 ……………………………………………………… (82)
　　三、课中任务实施 …………………………………………………………… (82)
　　巩固练习 …………………………………………………………………… (88)
　　任务实施评价 ……………………………………………………………… (90)
第六章　客户关系管理 ……………………………………………………… (91)
　　一、客户关系管理基础认知 ………………………………………………… (92)
　　二、客户信息管理 …………………………………………………………… (95)
　　三、客户忠诚度管理 ………………………………………………………… (99)
　　四、课中任务实施 …………………………………………………………… (102)
　　巩固练习 …………………………………………………………………… (106)
　　任务实施评价 ……………………………………………………………… (108)
第七章　客服团队的建立 …………………………………………………… (109)
　　一、客服的招聘与培训 ……………………………………………………… (110)
　　二、客服的激励机制 ………………………………………………………… (115)
　　三、客服团队管理 …………………………………………………………… (119)
　　四、课中任务实施 …………………………………………………………… (122)
　　巩固练习 …………………………………………………………………… (126)
　　任务实施评价 ……………………………………………………………… (128)
主要参考文献 ………………………………………………………………… (129)

第一章　网店客服概述

学习目标
知识：理解网店客服的概念和职责；
　　　掌握网店客服应该具备的知识；
　　　掌握网店客服应该具备的基本素质。
技能：掌握网店客服应该具备的技能；
　　　掌握千牛工作台的操作技巧。
素质：树立诚实守信、耐心细致的服务意识；
　　　培养"以客户为中心"的服务精神。

一、初识网店客服

网店客服的兴起源于电子商务这一新兴行业的高速发展,店主个人已经无法独立完成整个网店的所有工作,于是,依托于网店运营的新职业网店客服随之出现。目前,网店客服的岗位分工比较精细,针对不同的岗位,网店客服的工作内容也不同。在电子商务盛行的时代,隔着电子屏幕的客户与店家之间需要必要的沟通来促成交易的达成,其中类似于实体店导购的网店客服便成为不可或缺的重要角色。

(一)网店客服的概念

网店客服是指在互联网上为客户提供服务的工作人员,主要利用网上即时通信工具,如阿里旺旺、腾讯QQ、微信等,进行售前、售中和售后服务。

(二)网店客服的职责

网店客服是连接客户与店铺的重要桥梁,其岗位职责涵盖了客户服务的全过程,旨在通过专业的服务和良好的沟通技巧,提升客户满意度并促进销售。网店客服的岗位职责主要可以概述为以下几个方面。

(1)客户咨询与接待:通过在线聊天工具、电话、邮件等多种渠道,及时、友好地接待客户咨询,解答客户关于产品、价格、促销活动、物流、售后服务等方面的疑问。

(2)商品信息介绍与推荐:根据客户需求,详细介绍商品的功能、规格、材质、使用方法等,并向客户推荐合适的商品,提升销售转化率。

(3)订单处理与跟踪:协助客户完成下单流程,包括核对订单信息、修改订单、处理支付问题等;同时,跟踪订单状态,及时告知客户物流信息,帮助客户了解订单进度。

(4)售后服务与支持:处理客户的退换货请求、投诉及建议,耐心倾听客户的问题,积极寻找解决方案,确保反映的问题得到妥善处理,维护良好的客户关系。

(5)促销活动推广:参与店铺的促销活动策划与执行,通过聊天窗口、社交媒体等渠道向客户宣传优惠信息,吸引客户购买,提升销售业绩。

(6)客户关系维护:建立并维护良好的客户关系,通过定期回访、发送节日祝福、提供个性化服务等方式,提升客户忠诚度。

(7)数据收集与分析:收集客户反馈意见,整理客户咨询记录,分析客户需求及购买行为,为店铺的产品优化、营销策略调整提供数据支持。

(8)团队协作与沟通:与仓库、物流、产品等部门保持紧密沟通,确保订单处理、库存更新、产品描述等信息的准确性和及时性;同时,与团队成员协作,共同提升客服团队的整体服务水平。

(9)遵守规章制度:严格遵守公司规章制度及电商平台的相关规定,确保客服工作的合规性。

二、网店客服应该具备的知识和技能

一个优秀的网店客服不仅能够维护好网店形象,还能及时地对客户进行引导,从而为网店带来更多的销售量和更高的转换率。那么,一名优秀的网店客服应具备哪些专业知识与技能呢? 在知识储备方面,首先,要了解所在平台的运营规则;其次,应掌握相关的商品知识、支付知识及物流知识。在操作技能方面,应具有较快的打字速度,能够及时回复信息,同时掌握标准普通话及基本礼仪,以便与客户进行沟通。

(一) 丰富的知识储备

1. 运营规则

在网店运营中,"不以规矩,不能成方圆"这句话同样适用。网店借助电子商务平台出售商品时,需要遵循该平台的经营规则、评价规则等,这是保证网店正常运营的基本条件。下面以淘宝网为例,介绍网店运营的相关规则,主要包括评价规则、违规规则等。网店客服人员要充分了解并学会运用这些规则。

1) 评价规则

淘宝网的信用评价体系分为"信用评价"和"店铺评分"两种。其中,信用评价是指买卖双方在使用支付宝交易成功后的15天内进行相互评价,特殊类目商品的交易不开放评价。

在天猫商城平台中,只有店铺评分,没有信用评价。

淘宝网的店铺评分由买家对卖家进行评分,包括宝贝与描述相符、卖家的服务态度、卖家发货的速度、物流发货速度4项。

2) 违规规则

违规行为根据严重程度分为一般违规行为、严重违规行为和特定违规行为。

(1) 一般违规行为。

违规描述:包括滥发信息、延迟发货、实物与描述不符、违背承诺等一般破坏淘宝网经营秩序的行为。

扣分标准与处罚措施见表1-1。

表1-1 一般违规处罚措施

扣分累计	处罚措施
每12分	店铺屏蔽、限制发布商品及公示警告12天。注意:一般违规扣分每年会清零,但清零前已有处罚记录的,不影响已作出的处罚决定的执行

(2) 严重违规行为。

违规描述:包括但不限于发布违禁信息、盗用他人账户、泄露他人信息、骗取他人财物、扰乱市场秩序等严重破坏淘宝网经营秩序并涉嫌违反国家法律法规的行为。

扣分标准与处罚措施见表1-2。

表 1-2 严重违规处罚措施

扣分累计	处罚措施
12 分	店铺屏蔽 7 天;限制发布商品;限制创建店铺;限制发送站内信;限制社区功能及公示警告 7 天
24 分	店铺屏蔽 14 天;下架店铺内所有商品;限制发布商品;限制创建店铺;限制发送站内信;限制社区功能及公示警告 14 天
36 分	关闭店铺 21 天;限制发送站内信;限制社区功能及公示警告 21 天
48 分及以上	查封账户

(3)特定违规行为。

①出售假冒商品。

违规描述:销售假冒、盗版商品。

扣分标准与处罚措施见表 1-3。

表 1-3 出售假冒、盗版商品的扣分标准与处罚措施

违规情况	扣分标准	处罚措施
涉嫌出售	每件扣 2 分(3 天内不超过 12 分)	店铺受限、扣分等
一般情况	扣 12 分	店铺受到一定限制,如屏蔽、下架商品等
情节严重	扣 24 分	店铺被封停一段时间,具体时长根据违规次数和情节严重程度而定
情节特别严重	扣 48 分	店铺被永久封停,可能面临法律诉讼等更严重的后果

②虚假交易。

违规描述:包括刷单、虚假好评、虚假退货、虚假发货等。

扣分标准与处罚措施(根据违规次数和情节严重程度)见表 1-4。

表 1-4 虚假交易的扣分标准与处罚措施

违规情节	具体情形	违规纠正	扣分	违约金
情节轻微	第一次或第二次违规,且笔数小于 96 笔	删除虚假交易产生的商品销量、屏蔽评论内容、评分不累计。违规商品搜索降权 30 天	—	—
情节一般	第一次或第二次违规,且笔数大于等于 96 笔;第三次违规,且笔数小于 96 笔		—	5000 元

续表1-4

违规情节	具体情形	违规纠正	扣分	违约金
情节严重	第三次违规,且笔数大于等于96笔; 第四次及以上违规,不论量级大小; 短时间内进行大规模的虚假交易,不论违规次数和量级大小	删除虚假交易产生的商品销量、屏蔽评论内容、评分不累计,违规商品搜索降权30天。 下架商家店铺内所有商品,若为短期内大规模的,同时给予天猫商家30天的全店商品搜索降权处理	4	20 000元
情节特别严重	累计三次及以上被认定为"情节严重"违规; 短期内进行大规模虚假交易后,再次发生大规模虚假交易行为; 存在手段恶劣、行为密集、规模庞大、后果严重、恶意对抗监管等特殊情节; 为他人虚假交易提供服务、帮助	删除虚假交易产生的商品销量、屏蔽评论内容、评分不累计、下架店铺内所有商品,屏蔽店铺7天,同时给予天猫商家30天的全店商品搜索降权处理。 第三次特别严重的:清退	24	50 000元

其他处罚:账户处罚(如警告、限制发布商品、限制参与营销活动、限制账户功能等)、信誉扣分、经济处罚、法律追责及公示曝光等。

违规扣分在每年的12月31日24时清零。因出售假冒商品扣分达到24分及以上的,该年不进行清零,以24分计入次年;次年新增严重违规扣分未达到24分的,于该年12月31日24时清零。累计扣分达到48分及以上的,查封账户。

2.商品知识

作为一名网店客服人员,需要熟悉网店的商品资料和活动情况,如实回答客户对商品品质、规格、型号、花色、功能等方面的问题。

(1)网店客服人员应对商品的种类、材质、尺寸、用途、注意事项等有一定的了解,最好还应了解行业的有关知识,同时对商品的使用方法、洗涤方法、修理方法等也要有基本的了解。

(2)商品的周边知识。不同的商品适合不同的客户,比如化妆品,不同客户的皮肤性质不同,在选择化妆品时会有很大的区别;再比如儿童内衣,不同的儿童内衣适合不同年龄段的儿童等。这些情况都需要网店客服人员有基本的了解。

此外,网店客服人员对同类的其他商品也要有基本的了解,这样在面对客户关于同类商品的差异问题时,就可以更好地回复和解答。

3. 支付知识

（1）了解支付方式。网店客服人员应熟悉当前市场上主流的支付方式，如支付宝支付、微信支付、信用卡支付、银行转账等。随着支付技术的发展，新的支付方式不断涌现，如花呗、白条、信用付等，网店客服人员也应对此有所了解。

（2）熟悉支付流程。了解客户下单后如何进入支付页面，以及支付页面上的各个选项和按钮的功能。熟悉支付过程中可能遇到的常见问题，如支付失败、支付超时、支付金额错误等，并能迅速给出解决方案。

（3）掌握支付规则。了解所在平台的交易规则，包括支付时间限制、退款流程、支付手续费等。了解支付宝、微信等支付平台的具体交易规则，如交易限额、提现规则等。

（4）具备解决问题的能力。能够迅速识别客户在支付过程中遇到的问题，如支付失败的原因。针对客户遇到的问题，给出具体有效的解决方案。

此外，网店客服人员还要有一些有关支付安全知识的储备。了解支付宝、微信等支付平台的安全保障措施，如数据加密、风控系统等。掌握常见的网络支付诈骗手段，提醒客户注意防范，避免财产损失。

4. 物流知识

作为一名网店客服人员，除了要掌握网店运营规则、付款方式等基础知识，还应熟悉物流知识，包括不同的物流及其运作方式、不同物流的其他重要信息等。

1）了解不同的物流及其运作方式

邮寄是指由邮政系统负责运营的标准化邮寄服务。

快递：分为航空快递包裹和汽运快递包裹。

货运：分为汽运和铁路运输等。

最好还应了解国际邮包（包括空运、陆运、航运）的物流方式。

2）了解不同物流的其他重要信息

了解不同物流方式的价格：如何计价、报价以及还价空间。

了解不同物流方式的货物运输速度。

了解不同物流方式的联系方式：准备一份物流公司的电话清单，同时了解如何查询各个物流公司的网点情况。

了解不同物流方式应如何办理查询。

了解不同物流方式的包裹撤回、地址更改、保价、问题件退回、代收货款、索赔的处理等。

常用网址和信息：掌握快递公司联系方式、邮政编码、邮费查询、汇款方式、批发方式等。

通过对此小节的学习，完成表1-5。

表1-5 网店客服人员要求

知识要求	主要内容	详细内容	详细规定或规则
运营规则	经营规则		
	评价规则		
	违规规则		
商品知识	品牌、分类、规格、功能、保养、售后等		
支付知识	第三方支付		
	网银支付		
物流知识	不同送货方式的选择		
	不同物流的其他信息		

(二)网店客服人员需要具备的操作技能

小文开了家卖办公用品的网店,开学季推出了一个开学文具套装,很多客户在网站上询问他开学套装的商品数量、颜色、送何赠品、多买几套有没有优惠等问题。但由于小文打字速度比较慢,很多客户的问题没能得到及时的回复,从而导致了客户的流失。

从上述案例我们可以认识到网店客服人员打字速度的重要性。

1. 打字

要求:打字速度在60字/分钟以上,准确率在95%以上。

提高录入水平,可以从以下几个方面入手。

(1)熟悉键盘,提高盲打速度与准确度。

(2)安装输入法软件,使用其联想记忆功能。

(3)借助打字练习软件,提高打字速度。

另外可以适时使用自动回复来缓和对方的焦急情绪。比如,"亲,在线咨询客户较多,给您回复稍慢,请谅解哦。请将咨询问题合并发送,我会及时给您详细回复,谢谢合作!"

2. 标准普通话

为了提高普通话水平,网店客服人员应练习发音清晰度、语速、音调和停顿。可登录抖音等平台,查找口型操和发音练习,每天练习半小时。

1)语速

语速不要太快或太慢,语速太快容易导致客户听不清楚。要具备控制语速的能力,一般情况下,语速保持在120~140字/分钟比较合适。当然,如果能够根据客户的语速调整自己的语速,效果会更好。

2) 清晰度

网店客服人员发音要标准,吐词要清晰,能够让客户在电话中很容易听清楚自己说的话。语言表达清晰,普通话流利,对一名网店客服人员来说是最基本的要求。

3) 语气

语气是说话者内心态度的晴雨表。网店客服人员的语气应平和中有激情,耐心中有爱心,须杜绝不耐烦的语气。

4) 音调

说话时不要怪腔怪调,要自然,一定要做到抑扬顿挫,音调要有高、中、低之分,富于变化,不要太机械化。

5) 节奏

说话有节奏即在句子之间或观点转换时加入适当的停顿,这样既能用来强调某个观点或表达情感,也能让客户有机会参与到谈话中来。大多数网店客服人员都会犯一个毛病——只顾自己说,说完了就挂机。专业的网店客服人员可以做到根据客户的语言节奏来调整自己的语言节奏,从而使整个谈话流畅。停顿的频率一般是每说两句话停顿1~2秒。

3. 网店客服基本礼仪

网店客服人员不能与客户直接进行面对面交流,话语中所体现出来的个人状态将更加直观地呈现给客户。以下是网店客服人员应具备的基本礼仪:①礼貌先行,让客户感受到被重视。②注意时间。休息时间、吃饭时间勿打电话。③调整沟通态度。热情主动了解客户需求,耐心解答,确保客户完全理解,注意语气委婉。④冷静处理。面对争议或不满,保持冷静,不与客户发生争辩,并表达歉意,积极解决问题。

三、网店客服应具备的基本素质

一个合格的网店客服人员应该具备一些基本的素质,如良好的心理素质、高尚的品格、过硬的技能,以及其他综合素质等,具体如下。

(一)心理素质

网店客服人员应具备良好的心理素质,因为在服务客户的过程中,将承受各种压力、挫折,没有良好的心理素质是不行的。具体总结如下。

(1)"处变不惊"的应变能力。
(2)对挫折打击的承受能力。
(3)情绪的自我掌控及调节能力。
(4)与时俱进的持续学习能力。
(5)积极进取、永不言败的良好心态。

(二)品格素质

网店客服人员不仅要具备良好的心理素质,还应树立爱岗敬业、热情待人、勇于担当等品格素质。

1. 热爱企业、热爱岗位

一名优秀的网店客服人员应该对其所从事的客户服务岗位充满热爱,要有强烈的集体荣誉感,兢兢业业地做好每件事。

2. 谦和的态度

谦和的态度是提升客户服务满意度的重要保证。保持谦和的态度是做好网店客服工作的必要条件。

3. 热情主动的服务态度

网店客服人员还应具备热情主动的服务态度,充满激情,真诚对待每一位客户,让他感受到你的服务,在接受你服务的同时也接受你的产品。

4. 良好的自控力

自控就是控制好自己的情绪。网店客服作为一个服务工作,从事网店客服工作的网店客服人员首先要有一个好的心态来面对工作和客户,网店客服人员的心情也会影响客户的心情。毕竟网上形形色色的人都有,有好说话的,也有不好说话的,遇到不好说话的,就要控制好自己的情绪,耐心地解答客户提出的问题,有技巧地应对。

5. 勇于承担责任

不轻易承诺,说了就要做到,言必信,行必果。

思政园地

习近平总书记在纪念马克思诞辰200周年大会的重要讲话中指出:"学习马克思,就要学习和实践马克思主义关于坚守人民立场的思想。人民性是马克思主义最鲜明的品格……我们要始终把人民立场作为根本立场,把为人民谋幸福作为根本使命,坚持全心全意为人民服务的根本宗旨。"以马克思主义人民观为指导,树立正确的服务思想、强烈的服务意识,即以满足客户需求为出发点,为客户提供个性化、定制化服务,真正做到以人为本,注重人的生命与价值,将人置于至尊至重的地位。这样不仅有助于提升企业产品或服务质量、品牌价值及社会影响力,而且有助于大幅提升社会整体利益。

(三)技能素质

1. 良好的语言表达能力

优秀的网店客服人员应具备高超的语言沟通技巧及谈判技巧,这样才能让客户接受你的产品,并在与客户的价格谈判中取胜。

2. 丰富的专业知识能力

一名合格的网店客服人员,需要对网店的商品了如指掌,特别是一些专业领域的知识。当客户咨询一些专业知识时,胸有成竹的回答才能使客户产生信服感。如果网店客服人员答非所问或回答得模棱两可,就很容易使客户产生不满,还有可能被退单或者被投诉。

网店客服人员还应该具备敏捷的思维和应变能力,只有这样才能清楚地知道客户购买心理的变化。了解了客户的心理,才能有针对性地为客户提供服务。

3. 专业的电话接听技巧

网店客服人员不仅要熟练操作网上即时通信工具,很多时候还需要与客户进行电话沟通,因此网店客服人员还要掌握一定的电话接听技巧。

(1)及时接听客户电话。电话响三声必须接听,这既能表达对客户的重视,也能体现工作的高效率。

(2)有礼貌。接电话后先说"您好",语气要平缓,不能将自己的负面情绪带给客户。

(3)通话音量要适当。应尽量将话筒声音调大,降低自己说话的声音。

(4)做好记录。电话跟进时,一手拿话筒,一手拿笔,随时记录所听到的有用的、重点的信息。

(5)要有耐心。一定要聆听客户的话,并将客户的话听完,遇到没有听清楚或者觉得不确定的地方,不要因为麻烦就不再确认,可以说"不好意思,您能再重复一遍吗?"。

(6)关于挂机。电话结束后,先让客户挂电话,以示尊重。假如电话一讲完你就挂了电话,会让客户觉得你不想听他的电话,想快点挂断。客户如果迟迟未挂断电话,你可以提示一下,请他挂电话,如果他一直没有回答,那表示他可能忘记挂电话了,这时候你才可以挂断电话。

4. 良好的倾听能力

良好的倾听能力能使网店客服人员准确捕捉客户的需求点,更容易建立起客户对网店和产品的信任。这种信任是促成交易、提升客户忠诚度的关键因素。倾听不仅仅是听客户说什么,更重要的是理解其背后的意图和情感。这有助于网店客服人员更准确地判断问题的本质,从而采取更有效的措施来解决问题,避免误解和不必要的纠纷,显著提升客户的满意度和购物体验。而且倾听客户的意见和建议是收集市场反馈信息的重要途径。网店客服人员可以借此了解客户对产品和服务的真实看法,为网店的产品改进和服务优化提供有价值的参考。

(四)其他综合素质

(1)要具有"客户至上"的服务观念。

(2)要具备独立处理工作的能力。

(3)要具备分析问题、解决问题的能力。

(4)要有人际关系的协调能力。

四、网店客服岗位的重要性

在网店经营过程中,网店客服是必不可少的重要角色。在电子商务平台上,网店客服是能够跟客户直接沟通的岗位,融洽的沟通可以给客户带来舒适的购物体验;而且网店客服还可以帮助网店赢得客户的信赖和支持,并为网店带来源源不断的收益,这也体现了网店客服工作的重要性。网店客服的价值如图1-1所示。

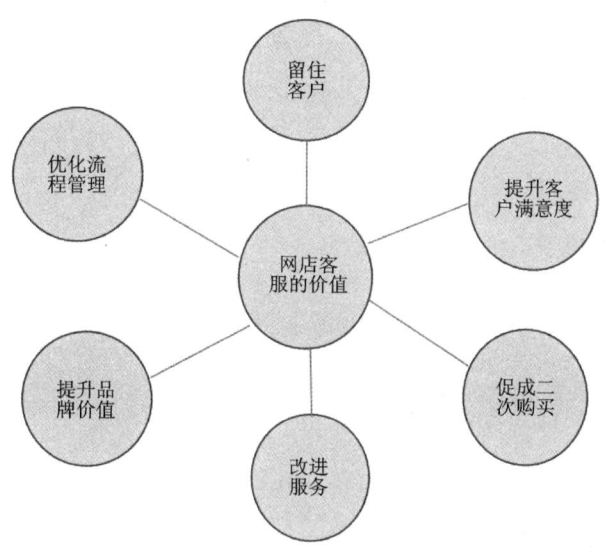

图1-1 网店客服的价值

(一)网店客服对成交量的影响

成交量是网店在某段时间内的具体交易数。网店中成交的订单越多,即成交量越大,网店所具有的竞争力就越强。在瞬息万变的电子商务市场中,影响网店成交量的因素有很多,其中一个相当重要的因素就是网店客服。

当网店通过各种渠道获得流量,引来客户进店咨询时,若商品详情页展示的内容能够满足客户的需要,让客户下定决心购买,则会产生直接成交量。但有时客户会因为某些主观或者客观的原因产生咨询的欲望或需求,此时网店客服人员工作的好坏就成为商品能否成交的决定性因素。客户产生咨询的需求,即意味着已经有了购买的欲望,但还有一些疑虑,希望通过网店客服人员解决这些问题,若得到满意的答复,就会选择下单购买。

在与客户交流的过程中,网店客服人员可以通过各种话术技巧来引导客户了解商品或服务带给他们的价值,展示自身商品或服务的优点,以激发客户的购买欲望,提高订单的成交率。

(二)网店客服对网店形象的影响

网店是一种基于互联网的虚拟店铺,上架的商品以文字、图片、短视频的形式进行展示。

客户进入网店后不能接触到商品实物,对网店的整体情况往往知之甚少,很容易产生怀疑的态度和不信任感。此时,网店客服人员需要通过良好的服务帮助客户了解商品的相关信息,在客户心中逐渐树立起良好的网店形象。

同时,网店客服人员在与客户交流、沟通的过程中,还可以通过巧妙的语言文字传递出品牌信息,帮助客户了解网店定位和形象。如果网店商品质量优、性价比高,网店客服人员服务态度好,那么一旦客户有相关方面的需求,就会第一时间想到这家网店。

(三)网店客服对客户关系管理的影响

网店客服虽不能直接决定客户是否购买商品,但会在很大程度上影响客户的购买决策。留住老客户、吸引新客户是网店客服创造业绩的主要途径。客户通过电子商务平台购买商品,期望获得的不只是商品本身,还有令人满意的服务体验。网店客服人员通过收集客户信息,在特殊节日向客户进行问候和祝福,有助于留住老客户。

五、课中任务实施

(一)客服能力训练

1. 练习普通话发音:绕口令练习

伊犁马:门前有八匹大伊犁马,你爱拉哪匹马拉哪匹马。

鹅:坡上立着一只鹅,坡下就是一条河。宽宽的河,肥肥的鹅,鹅要过河,河要渡鹅。不知是鹅过河,还是河渡鹅。

七棵树上结七样儿:一二三,三二一,一二三四五六七。七个阿姨来摘果,七个花篮儿手中提。七棵树上结七样儿,苹果、桃儿、石榴、柿子、李子、栗子、梨。

鼓上画只虎:鼓上画只虎,破了拿布补。不知布补鼓,还是布补虎。

画凤凰:粉红墙上画凤凰,凤凰画在粉红墙,红凤凰,粉凤凰,粉红凤凰,花凤凰。

四是四,十是十:四是四,十是十,十四是十四,四十是四十,不要把十四说成"实是",也不要把四十说成"细席"。要想说对四,舌头碰牙齿;要想说对十,舌头别伸直;要想说对四和十,多多练习十和四。

2. 礼貌用语练习

常用的礼貌用语如下。

您好!很高兴为您服务,有什么可以为您效劳的?

您好!很高兴为您服务,您刚才说的商品有货。我们现在正在做活动:满100元减5元,满200元减10元,以此类推。发货选择××快递。

您好,我需要看一下库存单,麻烦您稍等。

亲,您说的我的确无法办到,希望下次能帮到您。

好吧,如果您相信我个人的意见,我推荐几款,您看一下。

亲,请您稍等!这真的让我很为难,我请示一下组长,看能不能给您一些折扣,不过估计有点难。

非常抱歉,您说的折扣很难申请到,您看××元可以吗?这是我能给到的最低价格了。

我们会及时为您发货,感谢您购买我们的商品,有需要请随时联系我。

亲,感谢您购买我们的产品。合作愉快!欢迎下次光临。

您好,是有什么问题让您不满意吗?如果是我们快递公司的原因给您带来不便,我们很抱歉给您添麻烦了,我们公司承诺无条件退换商品。亲,请您放心,我们一定会给您一个满意的答复。

亲,非常抱歉这款宝贝已经没有现货了,您可以看一下这款哦,两款宝贝的质量都是非常不错的,款式和价格也相差不多。

亲,非常感谢您的惠顾,我们会在第一时间为您安排发货,请您耐心等待。如果有任何问题,请您及时联系我们客服为您处理。祝您购物愉快!

亲,7天内是可以无条件退换货的。如果是质量问题,退换货邮费由我们承担;如果是非质量问题,来回邮费是由您承担的哦。

亲,我们店铺的图片都是实物拍摄的,没有经过特别的处理,但是拍摄过程中由于光线原因可能会造成实物和图片存在一点色差,但是请您放心,差异肯定是非常小的。

3. 打字练习

网店客服人员应至少达到打字速度60字/分钟、准确率95%的打字水准。每天练习打字30分钟,坚持一个月就能达到理想水平。

聊天字体建议选择"宋体、常规、小四号",因为这是计算机最常用的显示文字规格。文字颜色建议选用紫色,这样够醒目,也能带给客户热情洋溢的感觉。此外,还应熟悉各类特殊符号的输入方法,以便完成各类产品型号的输入。

通过对普通话、礼貌用语和打字速度的练习,完成表1-6。

(二)熟悉千牛工作台

作为一名网店客服人员,除了要熟悉平台运营规则、商品知识、支付知识和物流知识,还要熟练掌握与客户沟通的交流工具——千牛工作台的操作方法,以便进行订单和客户的管理。特别是当客户有操作上的疑虑时,网店客服人员应快速回复并引导客户进行正确操作,提高自己在客户心中的专业度和好感度。

千牛目前有电脑版和手机版,两者功能基本一致,仅在某些页面和场景有所区别。千牛除了集成阿里旺旺的功能以外,还可以完成更多的操作。其核心功能如下。

(1)卖家工作台:支持子账号登录,提供店铺关键信息提醒以及商品、交易、数据等常用操作的快捷入口。

(2)消息中心:商品消息、订单消息、退款消息、官方公告等第一时间推送到卖家手机。

(3)阿里旺旺卖家版:支持手机和电脑同时登录,联系人、聊天记录和快捷短语与电脑无缝云同步,可添加好友、查看买家个人主页。

(4)插件中心:商品管理、交易管理、评价管理、数据统计等常用功能均有多款插件供选择,分销商、卖家可订购使用供销管理插件。

表1-6 自测量化表

普通话水平 (满分30分)	发音清晰度(10分) 自我评价：☐ 非常清晰　☐ 较为清晰　☐ 一般　☐ 稍有模糊　☐ 很不清晰	
	语调与流畅度(10分) 自我评价：☐ 语调自然,流畅无停顿　☐ 语调基本自然,偶有停顿　☐ 语调不自然,停顿较多	
	口语表达(10分) 自我评价：☐ 表达清晰,逻辑性强　☐ 表达基本清晰　☐ 表达略显混乱	
礼貌用语掌握情况 (满分30分)	开场与结束语(10分) 示例："您好,欢迎光临！""感谢您的光临,祝您生活愉快！" 自我评价：☐ 总是恰当使用　☐ 经常使用　☐ 偶尔使用　☐ 很少使用	
	客户服务用语(10分) 示例："请问有什么可以帮您？""非常抱歉给您带来不便,我会尽快为您处理。" 自我评价：☐ 礼貌且专业　☐ 较为礼貌　☐ 一般　☐ 稍显生硬	
	处理客户异议(10分) 自我评价：☐ 耐心且积极解决　☐ 态度良好,但解决效率一般　☐ 态度一般,处理不够积极	
打字速度和准确性 (满分40分,建议使用在线打字测试工具获取准确数据后填写)	打字速度(20分) 测试结果(字/分钟)：_____ 评分标准：≥80字/分钟,计20分；60～79字/分钟,计15分；40～59字/分钟,计10分；<40字/分钟,计5分	
	打字准确性(20分) 正确率(%)：_____（根据测试工具提供） 评分标准：100%计20分；99%计18分；98%或97%计15分；96%或95%计10分；95%以下计5分	
总分	_____	
自我反思		

1. 千牛电脑版

千牛电脑版工作台界面如图1-2所示,主要分为导航栏、后台快捷区和各板块栏,网店客服可根据自己的需求进行增减设置。

图 1-2　千牛电脑版工作台界面

2. 千牛手机版

千牛手机版功能丰富,可以帮助卖家随时随地与客户沟通,也可以查看店铺信息、运营店铺、处理订单等。图 1-3 为千牛手机版界面。

3. 千牛的下载安装与登录使用

要登录和使用千牛,不管是电脑版还是手机版,都需要经营店铺的淘宝网 ID 才行。

1)下载安装千牛

登录淘宝网首页,单击右上角的"网站导航",找到"千牛卖家中心",如图 1-4 所示。单击出现千牛下载页面,如图 1-5 所示。

图 1-3　千牛手机版界面

图 1-4　进入千牛下载页面

图1-5 千牛下载页面

2）登录千牛工作台

下载安装千牛后，根据商家性质选择淘宝网、1688、企业商家后再进行登录操作，如图1-6所示。

图1-6 登录千牛工作台

3）进行系统设置

单击千牛工作台导航栏右上角图标，选择"系统设置"，进入设置页面。系统设置分为基础设置（图1-7）和接待设置（图1-8），网店客服人员可以根据工作需要进行各项设置，如快捷键设置（图1-9）、自动回复与个性签名设置（图1-10）等。

图 1-7　千牛工作台基础设置

图 1-8　千牛工作台接待设置

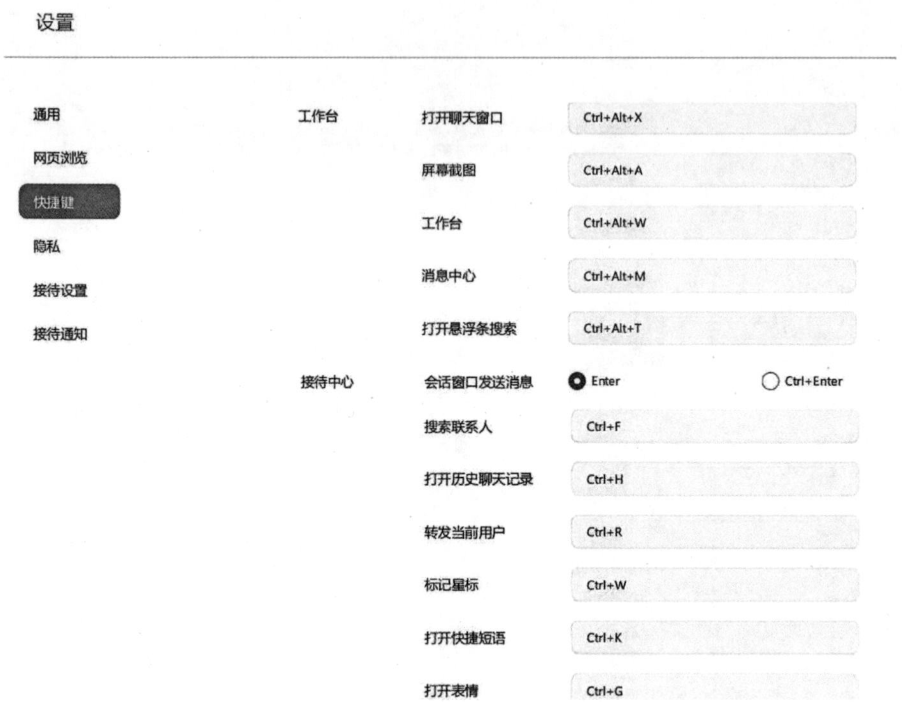

图 1-9　千牛工作台快捷键设置

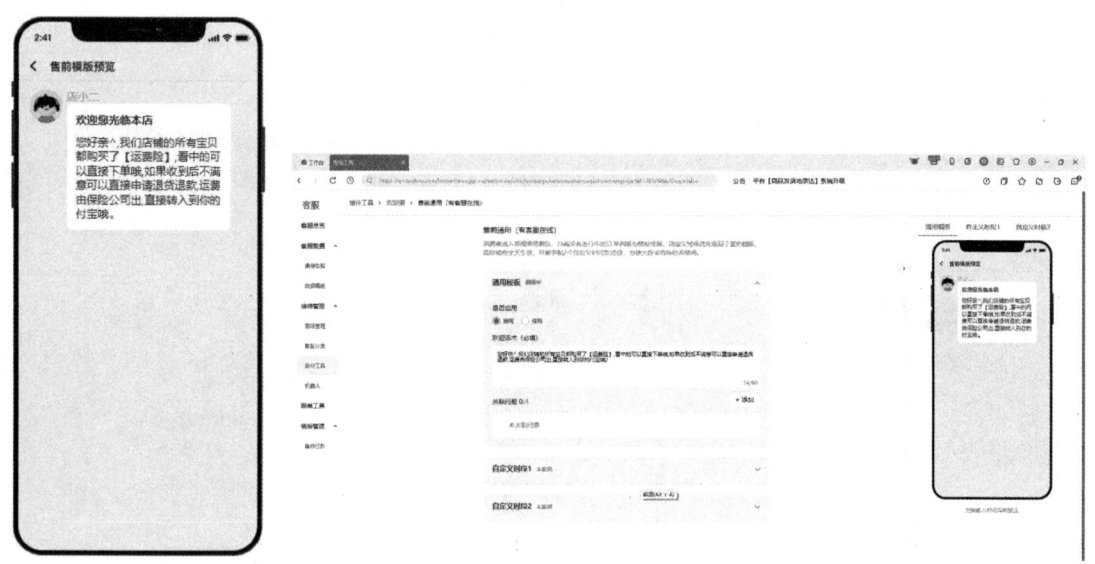

图 1-10　千牛工作台自动回复与个性签名设置

4）千牛工作台接待中心

单击千牛工作台导航栏右上角图标，即可进入千牛工作台接待中心。接待中心是网店客服人员最重要的工作阵地，主要由以下区域构成（图1-11）。

（1）状态，包括"挂起"和"未挂起"（状态的两种情况，二者的主要区别是是否能立即回复客户）。

(2)"接待面板"。

(3)公告栏、更换皮肤等。

(4)联系人,包括联系中、最近联系、我的好友、我的群、我的团队。

(5)对当前客户的操作,包括转发消息给团队、加为好友、视频通话等。

(6)对话窗口。

(7)当前客户的订单、咨询商品等。

(8)快捷入口,包括系统管理、交易管理、出售中的商品等。

(9)聊天窗口。

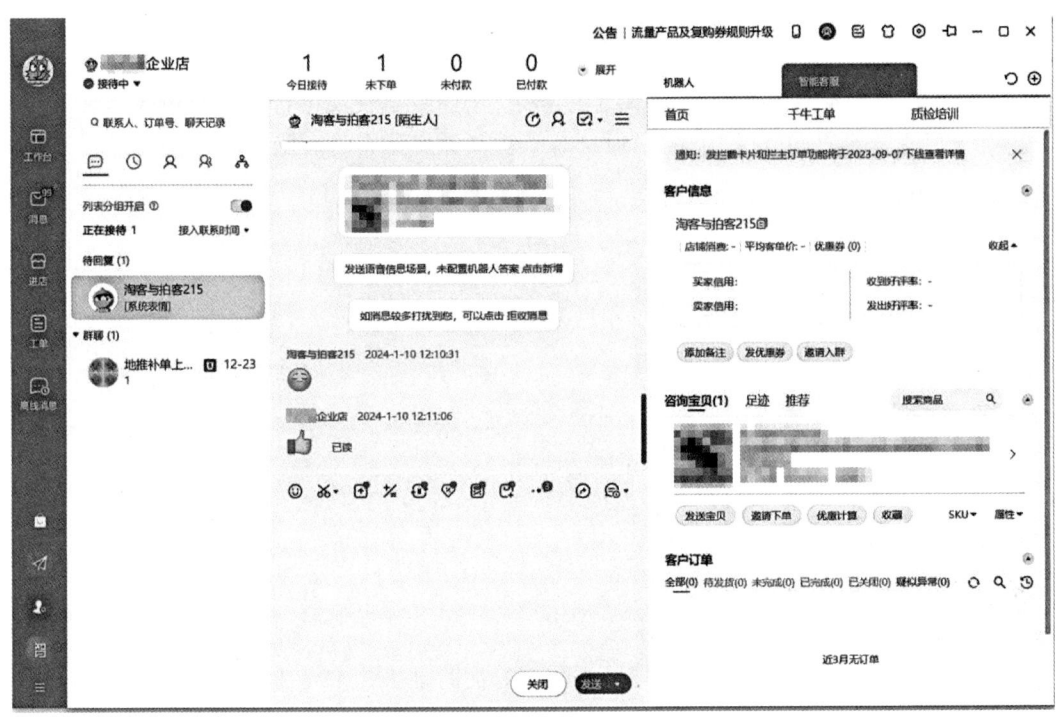

图1-11 千牛工作台接待中心

5)卖家中心

通过千牛工作台的卖家后台快捷入口进入卖家中心,卖家所有关于店铺经营的操作都可以在"卖家中心"完成,网店客服人员需要掌握卖家中心的一些与交易相关的功能。

巩固练习

一、单选题

1. 下列选项中,不属于网店客服工作岗位职责的是(　　)。
   A. 通过聊天软件或打电话的形式与客户进行直接沟通,帮助客户解决遇到的问题
   B. 根据掌握的商品知识,结合客户的实际需求,运用恰当的销售技巧把商品推荐给客户,最终促成订单
   C. 制订销售计划,带领团队完成销售业绩目标
   D. 熟悉平台的各种操作规则,处理客户要求,定期或不定期进行客户回访等

2. 作为一名合格的网店客服人员,应具备丰富的知识储备,这些知识储备不包括(　　)。
   A. 商品知识
   B. 平台规则
   C. 客服管理知识
   D. 物流知识

3. 网店客服岗位的作用不包括(　　)。
   A. 提升消费者的购物体验
   B. 降低成交率
   C. 宣传店铺平台
   D. 优化店铺服务数据

4. 客服的服务宗旨是什么?(　　)
   A. 悠然自得,佛系经营
   B. 高兴的时候什么都可以跟客户说,心情不好的时候客户来了也不搭理
   C. 以客户为中心,让每位客户感受到热情的服务
   D. 网店客服人员只负责回答客户提出的相关问题,其他一概不做

二、多选题

1. 一个合格的网店客服人员应该具备(　　)等基本素质。
   A. 心理素质
   B. 综合素质
   C. 品格素质
   D. 技能素质

2. 下列属于网店客服人员心理素质的有(　　)。
   A. 热情主动的服务态度
   B. 处变不惊的应变能力
   C. 对挫折打击的承受能力

D. 情绪的自我控制及调节能力
3. 网店客服人员应具备的综合素质主要体现在（　　）。
A. 要有"客户至上"的服务观念
B. 要有独立处理日常工作的能力
C. 要有分析解决各种问题的能力
D. 要有良好的人际关系协调能力

三、简答题

1. 网店客服岗位的价值体现在哪些方面？
2. 网店客服人员需要具备哪些操作技能？

四、实践题

"××数码"是一家刚刚在淘宝网上开张的店铺，其主营业务为数码电子产品，包括电脑、手机和数码配件等。店铺开张前，店主花了很多心思来进行准备，专门找人设计了店铺，每款产品都包装得十分上档次，并且还在各大网络平台中进行推广，预热了一段时间，店铺开张前就已经小有名气，还有自己的"粉丝"。店铺开张后果不其然，几款主打的商品都卖得很好，特别是一款机械键盘的销量十分火爆，店铺也凭借着这些产品快速升级为钻级店铺，生意越来越好。

随着生意的火爆，已有的两名网店客服人员渐渐力不从心，于是，店家通过招聘网站新聘请了一名网店客服人员，以缓解其他人员的工作压力，使店铺生意蒸蒸日上。但是，不曾想到，这位网店客服人员不但没有缓解店里的压力，还给其他工作人员带来了更多的工作。

原来，这名网店客服人员虽然在面试时表现得十分出色，但在工作中却表现得胆小怯懦，面对客户提出的问题，常常不能回答，还要请教周围的同事。其文字表达能力不强，对客户提出的一些要求也随意答应。有一次，遇到一个为公司购置一批电脑配件，包括鼠标、键盘和耳机的大客户，他十分激动，自作主张地给客户打折，还赠送各种礼品。交接班时，他没有告诉同事，同事按照正常的流程进行发货，几天后，店铺收到了该客户的投诉。

店家仔细核查了订单详情和旺旺聊天记录后，及时给客户道歉，并将差额补上。这不仅让店铺蒙受了经济损失，还给店铺的声誉造成了不好的影响。按照公司的规章制度，店家开除了这名网店客服人员。

思考与讨论：
1. 招聘网店客服时应该考验其哪些能力？
2. 一名合格的网店客服人员应该具备哪些素质和技能？

任务实施评价

★学生自评表

序号	技能点自评	评价标准	达到	未达到
1	汉字录入能力	客户服务过程中录入的速度		
2	常用设备和软件的操作能力	能熟练操作千牛工作台		
3	沟通交流能力	能够在规定时间内解答客户的疑问		
4	岗位执行能力	能够完成岗位内的工作内容		
5	继续学习能力	快速学习平台新的规章、术语		
序号	素质点自评	评价标准	达到	未达到
1	具备爱岗敬业精神	能够耐心回答客户的咨询		
2	拥有吃苦耐劳品质	吃苦耐劳,能够主动承担工作任务		
3	树立实事求是的职业道德	在跟客户沟通过程中做到实事求是		
4	树立服务意识	树立"不厌其烦、精益求精"的服务意识		
5	培养服务精神	培养"以客户为中心"的服务精神		

★教师评价表

序号	技能点自评	评价标准	达到	未达到
1	汉字录入能力	客户服务过程中录入的速度		
2	常用设备和软件的操作能力	能熟练操作千牛工作台		
3	沟通交流能力	能够在规定时间内解答客户的疑问		
4	岗位执行能力	能够完成岗位内的工作内容		
5	继续学习能力	快速学习平台新的规章、术语		
序号	素质点自评	评价标准	达到	未达到
1	具备爱岗敬业精神	能够耐心回答客户的咨询		
2	拥有吃苦耐劳品质	吃苦耐劳,能够主动承担工作任务		
3	树立实事求是的职业道德	在跟客户沟通过程中做到实事求是		
4	树立服务意识	树立"不厌其烦、精益求精"的服务意识		
5	培养服务精神	培养"以客户为中心"的服务精神		

第二章　售前客服

学习目标
知识：读懂客户心理；
　　　了解不同类型客户的消费心理变化；
　　　掌握售前服务的概念及内容。
技能：掌握客户的消费心理应对策略。
素质：树立热心引导、认真倾听的服务意识；
　　　培养良好的洞察能力。

一、客户心理

(一)读懂客户心理

客户从产生购买需求到购买商品,再到对商品进行评价,整个过程的心理变化是十分复杂的,其心理状态往往会随着购买阶段的不同而发生变化。商品购买过程可以分为 5 个阶段,如图 2-1 所示。

图 2-1　商品购买过程

消费行为总是从客户产生需求出发的,只有当客户对某一商品产生了需求,才会激发形成相应的购买动机。客户有了购买需求,就会通过一些较为可信的渠道去了解商品的信息,如通过身边人或一些网络用户实实在在的经验分享,或者借助相关的广告信息进行了解。客户了解商品的过程就是网店客服介入的最佳时机。在了解并掌握商品的部分信息后,客户会在心中确定一个标准,在这个标准下挑选出适合自己的商品。客户的购买标准是影响消费行为最关键的因素。客户对比选择的结果,使购买意向转化为购买行为,这就是客户购买和网店客服营销的双向过程。最后,客户会根据商品的实际使用情况,对商品进行评价,并将这种评价通过网络平台转告给他人,间接影响他人的购买心理和购买行为。

客户的消费心理往往是通过消费行为表现出来的,可以概括为 3 种不同的心理过程,即认识过程、决策过程和使用评价过程。这 3 种心理过程贯穿于整个商品购买过程中,对客户的消费行为产生十分关键的影响。

(二)客户的消费心理应对策略

网店客服工作面对的是各种各样的客户。客户的性别、年龄、经济条件、文化程度等不同,需求也就不同,所以网店客服人员需要从心理层面了解自己的客户真正需要的是什么、真正想要购买的是什么,这样才能更好地为客户提供服务。

从心理的角度出发,客户希望通过购买商品和服务来获得解决问题的方法与愉快的感受。他们在购买商品时,除了本身的生理需要,还有购买商品的心理出发点。互联网时代竞争日益白热化,抓住了客户就是抓住了商机。既然客户是营销的核心,那么懂一点客户心理学是很有必要的。客户购买商品时心理的需求可以概括为以下 8 个方面。针对客户的心理需求,网店客服人员应掌握相应的应对策略。

1. 求实心理

客户以追求商品的实用性为主要购买目的,对商品质量、价格、售后服务等要求较高,讲究实惠,一般会根据自己的需要选择商品。

策略:网店客服人员在进行商品描述时要突出产品实惠、耐用的特征。

2. 求新心理

客户在购买商品时,往往特别钟情于时髦和新奇的商品,对新产品有独特的爱好。

策略:网店客服人员在描述商品时,要突出"时髦""奇特"之类的字眼,同时在拍摄商品图片时应尽量使画面颜色鲜艳。

3. 求美心理

客户以追求商品的美感为主要购买目的,重点关注商品的款式、色彩、时尚性,以及商品包装的艺术观赏价值等。

策略:卖化妆品和服装的卖家,应注意在文字描述中突出商品的包装、造型等功能。

4. 求名心理

客户消费动机的核心是"显示"和"炫耀",同时对名牌有安全感和信赖感。

策略:投其所好,凸显张扬格调。

5. 求廉心理

"少花钱多办事"的客户心理动机,其核心是价廉和物美。

策略:价格低廉。

6. 求速心理

该类客户以追求快速、方便为主要购买目的,注重购买的时间和效率。

策略:增强时间意识,尽快促成交易,尽快发货。

7. 隐秘性心理

有些客户不愿意让别人知道自己在使用某商品。

策略:强调隐秘性。

8. 求安心理

客户在购买如食品、卫生用品、电器等商品时,比较注重此类商品的安全性。

策略:注重商品安全性和环保性方面的介绍。

(三)不同消费群体的心理差异认识

客户的购买习惯、购买倾向很多时候会受到各种外界因素的影响。客户的年龄、性格、职业、性别等不同,购买心理也会不同。

1. 年龄

不同年龄段的客户拥有不同的生活经历、经济能力和需求偏好,这些因素直接影响他们的购买心理。例如,青少年客户往往追求时尚、个性与新鲜感,对价格的敏感度相对较低,更愿意尝试新事物;而中年客户则更注重商品的实用性、性价比及家庭需求,购物时更加理性与谨慎;老年客户则可能更加关注健康、舒适,以及服务的便利性,对价格也较为敏感。

2. 性格

客户的性格特点在很大程度上决定了其购物行为和偏好。外向型性格的客户可能更喜欢在实体店享受购物的社交乐趣,乐于接受销售人员的推荐;而内向型性格的客户则可能更倾向于在线购物,享受私密性和自主性。此外,冲动型客户容易受促销、广告等因素影响,即时购买;而理性型客户则会深思熟虑,比较不同产品后再作决定。

3. 职业

职业背景不仅影响客户的收入水平,还塑造了他们的生活方式、价值观及信息获取渠道,进而影响其购买心理。例如,科技从业者可能更倾向于购买最新款的电子产品,注重产品的技术规格和创新性;而教育工作者可能更注重书籍、教育资源的购买,以及文化产品的消费。职业特点还决定了客户对产品信息的敏感度和信任度,如专业人士在选购专业设备时往往更加挑剔和注重产品细节。

4. 性别

尽管性别角色在不断演变,但传统上,男性和女性在购物心理上仍存在一定差异。女性客户通常更加关注产品的外观、细节、使用感受及与自身形象的匹配度;而男性客户则可能更注重产品的功能性、耐用性和性价比。

二、售前服务

(一)售前服务的概念

售前服务一般是指店铺在销售商品之前为客户提供的一系列服务活动,如市场调查、商品设计、提供使用说明书、咨询服务等,是一系列旨在提升客户满意度的行为。

(二)网店客服售前服务的工作内容

(1)通过电话、阿里旺旺、QQ、微信等进行商品售前咨询服务工作。
(2)通过与客户交流,准确记录客户信息并归类存档,形成客户数据库。
(3)针对不同客户,推荐恰当的商品,引导客户在店铺顺利完成交易。
(4)了解客户需求,分析总结客户需求并提交总结报告,促进店铺的发展。
(5)主动与店铺其他工作人员及时沟通,保证信息畅通,提高工作效率。

知识链接

在商品促销过程中,网店客服人员与客户的交流非常重要。交流时,网店客服人员必须掌握一些技巧,以有效促成交易。下面列举网店客服人员在与客户沟通过程中的几点技巧。

1. **热心引导,认真倾听客户需求**

通过引导的方式,了解客户更多的需求信息。当客户没有目的性、不确定买哪一款商品时,要有针对性地向客户推荐几款商品;在推荐时要体现出网店客服人员的专业性,要推荐客户买最合适的而不是最贵的。此外,网店客服人员应认真倾听客户的需求,让客户觉得网店客服人员是在用心为他挑选商品而不是仅仅为了卖家利益。

2. **语言文字准确、恰当,尽量避免使用负面表达方式**

在交流中,少用"我"字,多用"您""咱们"这样的字眼,可以拉近与客户的距离。用语亲切、礼貌,如"请""请问""亲""很高兴为您服务""请稍等""非常抱歉""麻烦""多谢支持""希望您在这里能找到满意的宝贝"。在为客户服务过程中尽量避免使用负面表达方式,如"我不知道""我不明白""我不会""我不能做""我不可以"等。

三、推荐销售的定义

推荐销售就是网店客服在合理的范围内,向客户推荐店铺所经营的商品,以达到商品销售目的的系列行为,包括对客户咨询的解答、对客户购买意愿的引导、对店铺商品的推荐等。

(一)推荐销售的意义

推荐销售是网店客服售前服务的一项基本工作内容,在当前竞争激烈的网络环境下,推荐销售有着非常重要的意义。

(1)增加店铺销售额。

(2)有效进行广告宣传,提升店铺名气。

(3)完善店铺经营模式,体现网络销售的专业性。

(二)推荐销售必备的知识

1. 推荐销售的基本礼仪

(1)语气亲切,话语委婉。

(2)回答问题专业、及时、有效。

(3)语言文字应用恰当。

(4)多倾听客户意见,给出合理的购买建议。

2. 推荐销售的基本用语

问候:您好!有什么可以帮您?

您好，欢迎来到××店铺，希望您购物愉快。

亲，有什么需要为您服务的？

过程：好的，请您稍等！

好的，马上为您查询！

好的，马上为您核实信息和价格！

实在抱歉，没有您需要的款型，我们会尽快备货！实在抱歉，让您久等了！

亲，您可以看看我们的其他商品，都很不错的，希望您喜欢！

结束：亲，谢谢您的光临！

亲，欢迎您下次再来！

3. 推荐销售的基本技巧

(1) 交流及时，态度诚恳。

(2) 察言观色，推荐最适合客户的商品。

(3) 掌握客户心理，巧妙应用技巧进行推荐。

(4) 换位思考，诚信经营。

四、课中任务实施

（一）做好售前接待

1. 售前客服工作内容

到天猫商城选择感兴趣的商品，利用阿里旺旺与网店客服人员进行沟通，点击商品页面下方任务栏中的"客服"按钮，跳转至客服界面后即可输入文字或开始语音交流。如图 2-2 所示。

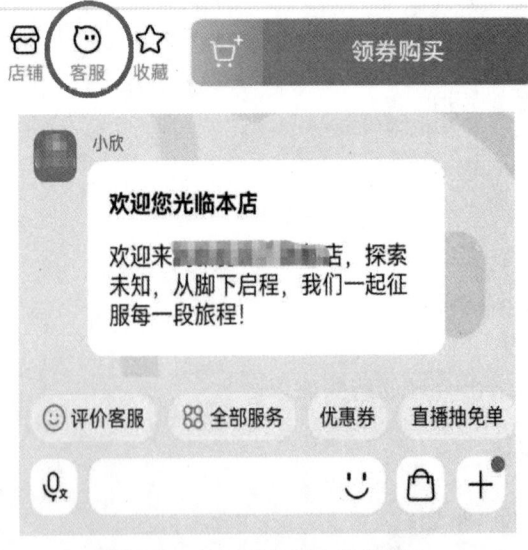

图 2-2 与网店客服人员沟通 1

到京东商城选择感兴趣的商品,利用客服功能与网店客服人员进行沟通,如图2-3所示。

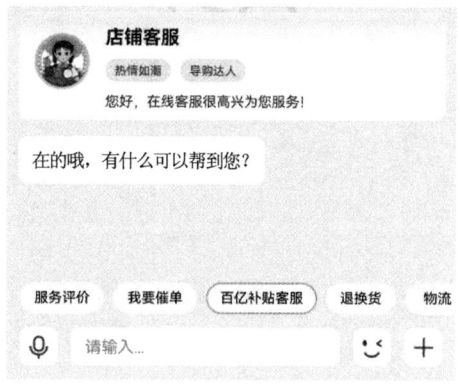

图2-3　与网店客服人员沟通2

通过多家电商平台的咨询操作,了解售前服务的基本情况和工作内容。

2. 客户咨询服务

网络销售重在推荐。一个成功的网店,一定要有完善的客户推荐和宣传系统。当一个客户进入店铺时,如何为其提供专业的购买咨询,帮助其顺利地完成购买才是销售成功的关键。

1)商品类别咨询

淘宝网对平台上发布的商品实施类目式管理,每家店铺商品所属类目以及细分类目都有所不同,客服人员要对本店铺商品类别了然于心,再结合热情主动的服务态度,让客户感受到优质的服务,如图2-4所示。

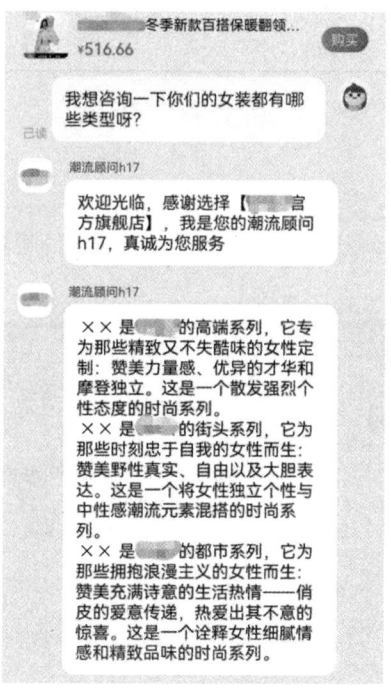

图2-4　商品类别咨询示例

2）商品质量推荐

根据客户的需求，主动介绍店铺所经营商品的具体情况，供客户购买时参考，如图 2-5 所示。

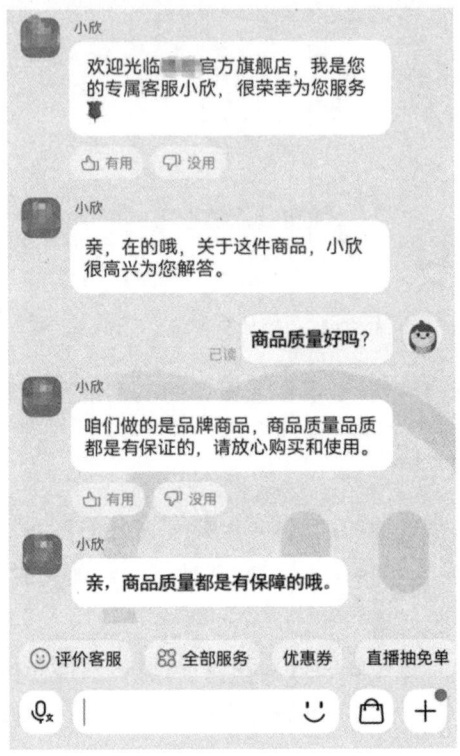

图 2-5　商品质量推荐示例

3）商品议价咨询

根据店铺运营方案的价格策略，在合理的范围内可以满足客户的还价需求，满足客户的购买需求，如图 2-6 所示。

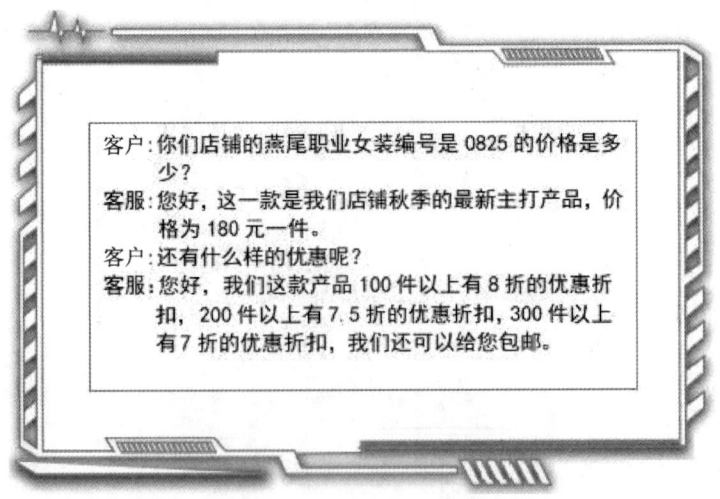

图 2-6　商品议价咨询示例

4)商品销售、利润咨询

作为业务批发商或者代销商的客户还很关心商品的销售模式、利润分配等,网店客服人员应当对本店铺给予此类客户的具体策略了然于心,这样在面对客户提问时就能游刃有余,如图2-7所示。

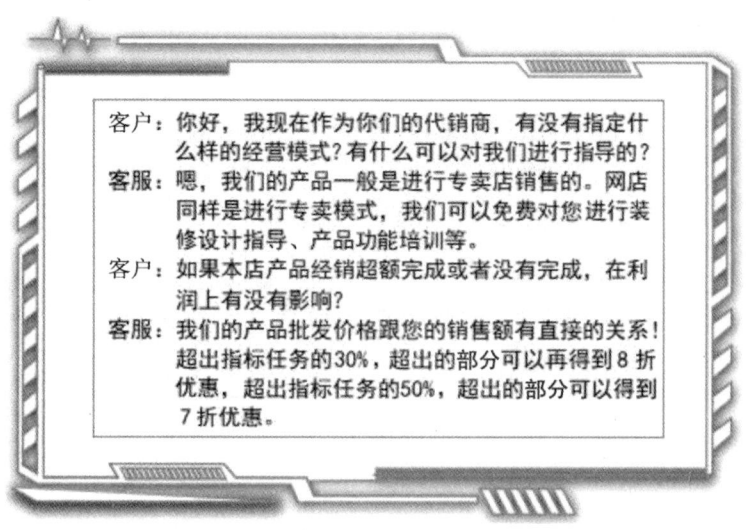

图2-7 商品销售、利润咨询示例

3. 商品推荐

1)善于观察,善于推荐关联商品

当网店客服人员看到客户已经拍下商品时,即可判断出客户的喜好,马上按照客户的喜好推荐另外一款同类别的商品,并且就客户对商品数量的担忧和邮费问题进行解释,告诉客户连带购买是最简便和最经济的购买方式,如图2-8所示。

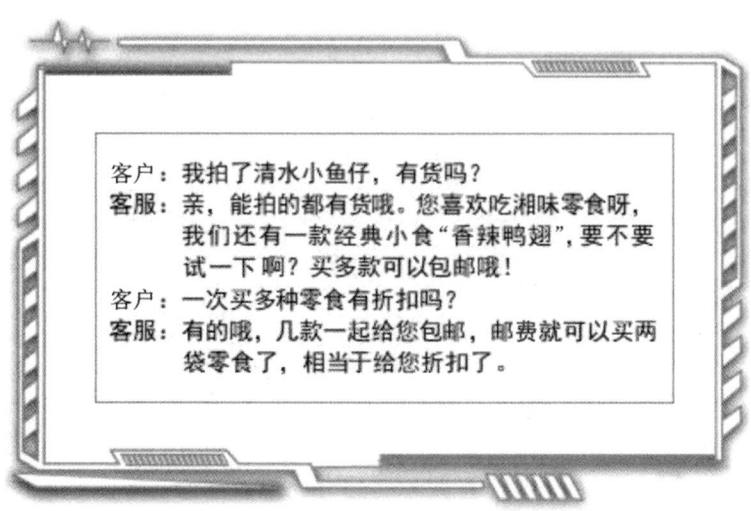

图2-8 推荐关联商品示例

2)善于"提问"

站在客户的角度精确推荐,不恰当推荐示例如图2-9所示。

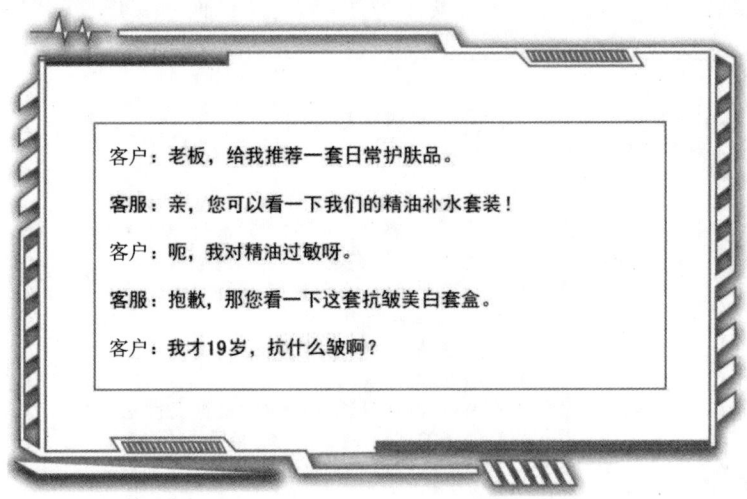

图2-9 不恰当推荐示例

不恰当推荐示例中的网店客服人员犯了一个明显的错误,就是在没有了解客户需求的情况下推荐了客户不需要的商品,陷入了推荐销售的困境中。在不知道客户具体需求时,可以有针对性地提问,去了解客户的喜好和需求,让客户觉得网店客服人员很专业。站在客户角度的精确推荐示例如图2-10所示。

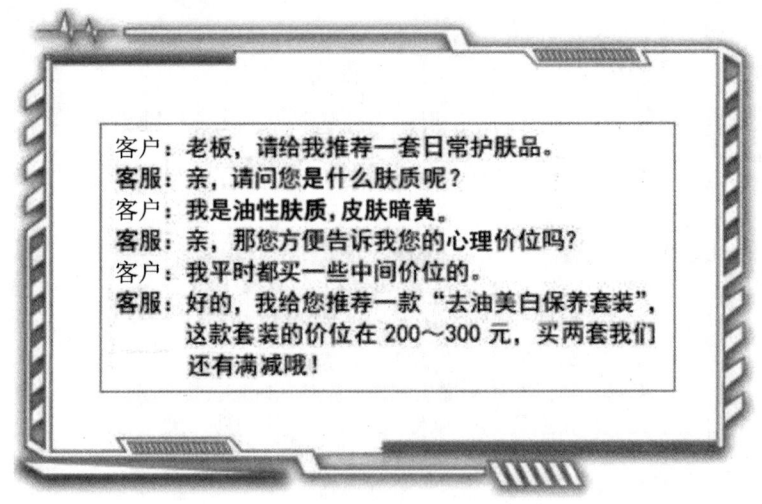

图2-10 站在客户角度的精准推荐示例

3)明确商品优势,善于迎合客户心理

网店客服人员要明确店铺商品的优势,包括货源的优势、质量的优势和价格的优势。因为现在是一个竞争的时代,要让客户知道自家的商品与竞争者有什么样的差异,能够为客户考虑更多并且能够迎合客户的心理就等于给客户多了一个选择自家商品的理由,如图2-11所示。

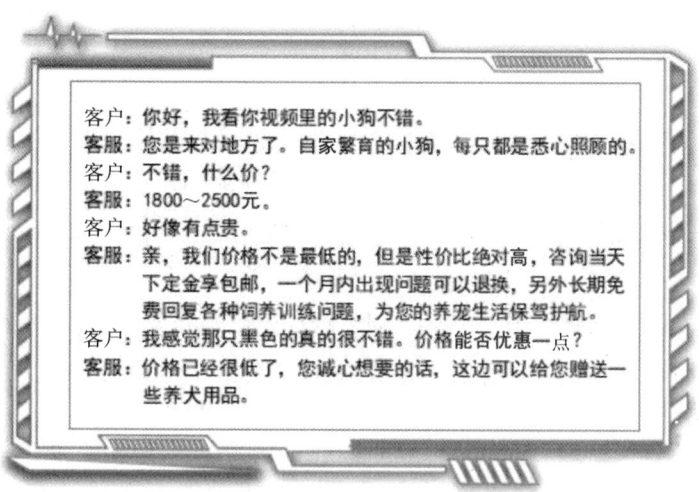

图 2-11　善于迎合客户心理示例

4）及时回应，巧妙"拆分价格"，进行心理引导

作为网店客服人员，要及时对客户的意见进行回应，以体现出对客户的尊重。另外，要学会利用产品的一些特性，巧妙地做价格拆分来规避客户的价格异议，以便达成交易，如图 2-12 所示。

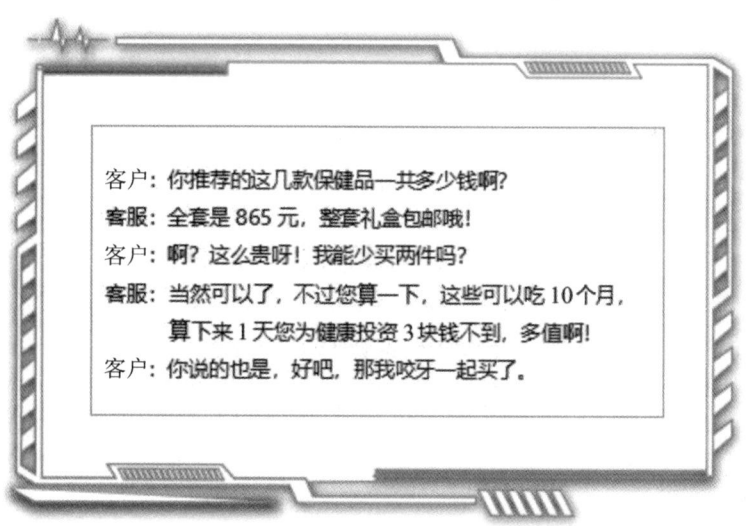

图 2-12　巧妙拆分价格示例

巩固练习

一、单选题

1. 网店客服人员在向客户问好时,下列表述不准确的是(　　)。

A. 亲,欢迎光临××网店,请问有什么可以帮您的吗

B. 您好,欢迎光临××旗舰店,我是小店的客服浅浅,很高兴为您服务,请问有什么可以为您效劳的吗

C. 您好,欢迎光临小店

D. 亲,现在本店有买一送一的优惠活动,喜欢的话就抓紧时间拍下哦

2. 对于关联销售,下面表述不正确的是(　　)。

A. 客户购买手机后,关联搭配:手机保护膜+手机壳

B. 客户购买衣服后,关联搭配:裤子+鞋子

C. 客户购买帽子后,关联搭配:水杯

D. 客户购买相机后,关联搭配:存储卡+三脚架

3. 订单确认的过程,主要包括(　　)和(　　)。

①核对商品信息;②核对收货地址;③收货时间;④好评返券

A. ①③

B. ②④

C. ②③

D. ①②

4. 当店铺的促销活动设置好后,网店客服人员应及时将活动信息发送出去,发送方式包括(　　)。

A. 手机短信

B. 微信

C. 千牛工作台

D. 以上都是

二、判断题

1. 客户因对某种商品不了解而不知道选择哪种时,网店客服人员就应根据客户的需求帮客户介绍,如采取二选一、搭配套餐等方法吸引客户购买。(　　)

2. 网店客服人员成功推荐商品的前提是要真正明确客户的需求。(　　)

3. 为了避免网店评分过低而导致客户流失,网店客服人员需要对客户的评价内容进行正面引导。(　　)

4. 当客户成功购买商品后,网店客服人员就不用再回复客户了。(　　)

5. 互补型关联搭配方式会让客户感到非常实惠,用一件商品的价格买来了两件或更多

商品,这样一来,客户购买的商品数量多了,客单价自然也就上去了。(　　)

6. 同类型关联是指商品在内在属性、使用方法、外在美观性等各个方面具有相似性。(　　)

7. 网店客服人员在与客户沟通过程中,应尽量避免使用负面词语。(　　)

8. 卖家在给客户打包、发货的同时发送一条手机短信,告诉客户快递包裹已经发出并附上快递单号,请他注意查收,这是提升店铺服务质量的一个重要手段。(　　)

9. 网店客服人员沟通技巧的运用对促成订单至关重要。(　　)

三、简答题

1. 客户的消费心理及应对策略有哪些?

2. 网店客服售前服务的工作内容有哪些?

四、实践题

1. 假设你是一家在线电子产品销售公司的售前客服,你将怎么样为客户提供详细的产品信息,并积极解答客户疑问,最终促成销售?

2. 你是一家知名家居电商平台的售前客服,今天遇到了一位对家居装饰有浓厚兴趣的潜在客户,他/她正在考虑购买一款新的沙发,你将怎么完成工作?

任务实施评价

★学生自评表

序号	技能点自评	评价标准	达到	未达到
1	洞察客户心理	能够在与客户的沟通中读懂客户的潜台词		
2	挖掘客户需求	挖掘客户需求，向其推荐需要的商品		
3	沟通交流能力	能够分析客户的心理，并给出答复		
4	岗位执行能力	能够完成岗位内的工作内容		
5	继续学习能力	快速学习平台新的规章、术语		
序号	素质点自评	评价标准	达到	未达到
1	具备爱岗敬业精神	能够耐心回答客户的咨询		
2	拥有吃苦耐劳品质	吃苦耐劳，能够主动承担工作任务		
3	树立实事求是的职业道德	在跟客户沟通过程中做到实事求是		
4	树立服务意识	树立"不厌其烦、精益求精"的服务意识		
5	培养服务精神	培养"以客户为中心"的服务精神		

★教师评价表

序号	技能点自评	评价标准	达到	未达到
1	洞察客户心理	能够在与客户的沟通中读懂客户的潜台词		
2	挖掘客户需求	挖掘客户需求，向其推荐需要的商品		
3	沟通交流能力	能够分析客户的心理，并给出答复		
4	岗位执行能力	能够完成岗位内的工作内容		
5	继续学习能力	快速学习平台新的规章、术语		
序号	素质点自评	评价标准	达到	未达到
1	具备爱岗敬业精神	能够耐心回答客户的咨询		
2	拥有吃苦耐劳品质	吃苦耐劳，能够主动承担工作任务		
3	树立实事求是的职业道德	在跟客户沟通过程中做到实事求是		
4	树立服务意识	树立"不厌其烦、精益求精"的服务意识		
5	培养服务精神	培养"以客户为中心"的服务精神		

第三章　售中客服

学习目标

知识：了解客户未付款的原因；
　　　掌握催付的策略；
　　　掌握订单处理与物流跟踪方法。
技能：熟练使用催付工具。
素质：树立"不厌其烦、精益求精"的服务意识；
　　　培养"以客户为中心"的服务精神。

一、售中客服的工作内容

客户提交订单后,网店后台订单交易状态有未付款/已付款、待发货/已发货、确认发货/退换货、交易完成、评价等形式。售中客服人员的工作职责就是跟进订单,从客户付款到确认收货整个过程及时回复客户咨询,跟踪订单进展,协助客户完成订单,处理支付和物流等问题。

二、售中服务的目标

售中服务的目标是提供高效、友好的服务,向客户提供良好购物体验,增强客户满意度和忠诚度。针对客户的售中服务,主要表现为销售过程管理。热情、礼貌、专业的售前服务会给客户留下良好的印象,而体贴、周到的售中服务能获得客户对店铺的信任。

专家指导

在售中服务过程中,网店客服人员要如何化解客户的疑虑呢?首先,网店客服人员应换位思考,从客户的立场考虑问题,从而分析客户下单后未付款的原因;其次,网店客服人员应对症下药,打消客户的顾虑。

(1)对支付的疑虑:当客户对钱财比较谨慎、怕上当受骗时,网店客服人员可以耐心讲解,推荐使用支付宝等第三方支付平台。

客户:我已经拍下了,可是要怎么付款给你?

客服:为了保证您的购物安全,您可以通过支付宝付款,款打到支付宝后,系统会通知我们发货的。

客户:打款后万一你们不发货怎么办?

客服:亲,请放心,您没确认收到货,支付宝是不会把钱打到我们账户上的。

客户:那我就放心了。

(2)议价不成功:客户议价不成功,与售中客服人员就商品价格无法达成一致。售中客服人员可采用赠送小礼品、升级为网店VIP会员等方式来满足客户的求廉心理。也可以试探客户的心理价位,以便提高催付成功率。

(3)客户想要货比三家:如果客户想货比三家,售中客服人员可以在商品及服务上寻找差异,并将这些卖点及差异展现给客户,为商品加分,吸引客户付款。

例:亲,想花最少的钱买高品质的商品这是人之常情,但我们这里的服务好,同时我们承诺一年的保修期,在保修期内如果商品有任何质量问题,我们是可以免费维修的。最重要的是我们还包安装,这样既为您节省了时间又节省了金钱。相比之下,还是选择我们家商品比较划算!

> **思政园地**
>
> 我国已连续11年成为全球最大网络零售市场,电商经济已经成为我国经济的重要组成部分,正以前所未有的速度蓬勃发展。《中华人民共和国电子商务法》的执行有效维护了消费者合法权益,规范了电商市场竞争秩序,促进了电商行业高质量发展。网店客服应严格遵守各项法律法规,规范自身服务行为。
>
> 网店客服要树立正确的行为规范。
>
> 网店客服的服务行为是有法可依的,相关从业人员要知法、懂法、守法。

三、催单

(一)催单的步骤

1. 确定催单人选

最好由接单客服本人进行催单,若通过电话催单,声音应温和亲切。

2. 选择合适的催付时机

根据自己店铺所售商品情况,选择合适的时机。拍下后10分钟还未付款的,可直接通过旺旺在线联系客户采用核对地址方式进行隐形催付。静默下单的,可以参照如下时间段进行催付(表3-1)。

表3-1 催付时间选择

下单时间	催付时间
上午	当日12点前催付
下午	当日17点前催付
傍晚	次日10点前催付
半夜	次日10点后催付

催付不是越频繁越好,催得太频繁,客户很容易反感甚至把你拉黑。正确的做法是同一时间段内只催一次。在客户拍下后30~60分钟内,是催付最有效的时间段。因为他们还在犹豫或注意力仍在订单上,所以一个短信就很容易让客户下定决心。另外,催付要避开客户休息时间,如午休和晚上睡觉时间,就不要发信息打扰客户了。

> **注意**
> ※不建议催付VIP客户,如果要发消息,以暖心的提醒为主。当然针对VIP客户的限量款或福利款,也可以适当催付,提醒他们这是特定优惠,不要错过。
> ※同一时间段内,一个客户有多笔未付款订单的也不必催付。
> ※预售和聚划算的订单要单独整理出来,催付时间不一样。

(二)催付方式选择

对客户进行催付时,需要使用相应的催付工具,以取得事半功倍的效果。催付主要有3种方式:电话、短信、千牛工作台。

1. 电话催付

电话催付沟通直接,可以给客户带来比较好的购物体验,但是电话的时间成本比较高,所以一般主要针对大订单客户和老客户使用。电话催付需要一定技巧,售中客服人员在进行电话催付时应注意以下几点。

(1)自我介绍:自报家门,让客户知道你是谁,为什么打这个电话,让客户愿意继续接听电话。

(2)礼貌、亲近:提高声音各方面的感染力;面带微笑,用语言表达服务热情;在电话交谈中,以客户为中心,不能一味地催促客户付款,同时注意不要影响客户的日常生活。

(3)口齿清晰:发掘和有效利用自己的语言特点,吐词清晰、控制语速,要让客户能够听清楚你说的内容。

2. 短信催付

短信催付具有可以批量催付的特点,性价比较高,适于在订单关闭前2日内进行大量未付款订单的催付。

短信内容客户一般很少回复,因此要全面易懂。一般而言,催付短信包括以下内容。

(1)网店名称:短信中首先要明确网店名称,如果没有网店名称,很难让客户明确发出短信的网店是哪家。同时,加入网店名称会起到宣传网店的作用。

(2)商品:有时即使说了网店名称,也不一定能让客户想起自己在网上所下单的商品,因此需要在短信中加入客户所购买的商品。涉及隐私的特殊商品需要另外考虑。

(3)时间:让客户知道自己在什么时候购买的商品,进一步唤起客户的购买记忆。

(4)技巧:短信中需要使用一些话术技巧,以增强购买的紧迫感或使客户感受到特权等。

> **短信催付话术**
> 例1:亲爱的×××,您在本店铺的订单8×××××××尚未付款,活动时间有限,请确认后尽快付款,我们将尽早为您安排发货,如有其他疑问请咨询我们的在线客服人员。
> 例2:您好,非常抱歉打扰到您,方便的时候请尽快为您上午在小店精心挑选的护手霜付款哦!活动期间赠品有限,欲购从速,付款后我们会在第一时间给您安排发货呦!(××旗舰店)

3. 千牛工作台催付

千牛工作台是淘宝网售中客服人员常用的工具,使用千牛工作台与客户沟通是免费的,不仅成本低,而且操作方便。售中客服人员在使用千牛工作台催付时,可以使用千牛工作台自带的催付功能。在跟单工具中可以进行催付设置,合理选择催付时机,设置催付方案,自动发送给客户。

(三)催付技巧

1. 语言暗示法

"您好,我们已经在安排发货了,看到您的订单还没有支付,提醒您现在付款我们会优先发货哦!"

"您好,看到您在活动中抢购了我们的宝贝,真的很幸运。您这边还未付款,不知道遇到什么问题呢?再过一会系统就要自动关闭交易了,如果有别的买家在有货的时候付款,那您这边就失去这次机会了。"

客户听到"优先"二字,会有怎么样的想法呢?——"我要尽快付款才可以给我尽快发货""这个客服还不错,能帮我优先安排发货"。

这两种说法一方面满足了大部分客户的心理——"早点收到商品",从另一个角度来说,也让客户在潜意识里体验了一次"上帝特权"。在这样的情况下去催付款,往往会有不错的效果。

2. "诱惑"法

提醒客户有关赠品的问题也是催单催付款的一种好方式。这时候的客户心理——"送我的东西可不能忘了",这里利用了赠品去"诱惑"客户,催促其下单。

3. 时间限制法

"亲,活动数量/时间有限,到××时候截止了哦。我们是以付款的先后顺序发货的,亲要尽快哦!"

这样的提醒可以增加客户的紧迫性,其重点在于提醒客户要抓紧时间。这个时候大部分客户会因为网店客服人员的提醒而尽快付款。

4. 直接提醒

看到询单过的客户已经拍下,但是没有及时付款的时候,间隔10分钟左右,进行一次很直白的催单:"亲还没有付款哦",提醒对方订单要付款之后才可以发货。

"亲,看到您这边没有支付,我们是7天无忧退换货,而且还赠送您淘宝运费险哦,收到货以后如果不满意也可以直接退还给我们。"

催促的话语需要注意当时的情景和语调,最终的目的是让客户觉得不买会后悔。如果客户迟迟不肯下单,那就不要再多次催促了,这样只会引起客户的反感,放弃购买。

四、订单处理

(一)核对订单

在客户下单付款后,售中客服人员应当第一时间与客户核对订单详情。

1. 核对地址信息是否正确

网店客服人员会遇到各种各样的客户,有的客户在与网店客服人员咨询商品的过程中说了发货地址,但是下单地址与先前说的发货地址不一致,这时就需要网店客服人员进一步与客户核对地址信息。如果网店客服人员没有认真和客户核对地址信息,会导致后期客户体验差,引来各种各样的纠纷。

2. 注意客户备注留言信息

平时网店客服人员在接待中,会发现很多客户喜欢留言备注不要放云柜、不要放门岗、到货电话联系、指定发某个快递等各种要求。网店客服人员若没有认真查看备注信息,会导致后期客户体验差,前期的客户体验就是再好,客户也难以对店铺留下好的印象。

3. 注意核对购买清单和数量

网店客服人员须在最后一步和客户核对购买清单。通过跟客户核对订单中的商品信息、数量、价格等内容,避免因为客户商品拍错导致的退换货。

(二)修改订单

修改订单是指在客户完成购买行为后,由于某些原因(如商品选择错误、地址填写错误、需要调整数量等),向卖家提出更改订单中的某些条款或细节的请求。它是一种客户服务,能帮助卖家更好地满足客户的需求。订单的修改通常涉及修改交易的条款,使客户可以获得更可控的服务。

五、课中任务实施

(一)学习了解售中客服工作

(1)登录淘工作(网址:https://www.alizhaopin.com/index.htm)(图3-1),输入关键字"售中客服",得到搜索结果(图3-2)。

(2)点击带有"售中"关键字的搜索结果,了解售中客服职位描述,如图3-3所示。

第三章　售中客服

图 3-1　在淘工作平台搜索"售中客服"页面

图 3-2　"售中客服"搜索结果页面

售中客服（可在家办公居家异地上班） 3K～5K

武汉·江岸区 | 经验不限 | 学历不限 | 全职

综合补贴　奖励计划

职位描述

想宅家办公的看这里！不限城市，不限地区，任何想在家办公的小伙伴欢迎投递简历！
投递需要有半年以上售前+售后，或纯售后客服经验！！！

【岗位职责】
1. 负责各电商平台线上买家的接待工作；
2. 熟悉店铺产品详情及卖点，为买家提供精准的咨询服务，了解客户需求，引导线上购物；
3. 做好订单跟踪，及时跟进处理买家的购物问题，如查询物流、信息、发货等；
4. 处理买家退货退款等售后问题。

【任职资格】
1. 年龄18～38岁，性别不限，熟练电脑基本操作，打字速度50字/分钟；
2. 具有天猫、淘宝、京东、拼多多、抖音任一平台半年以上售前售后客服经验，熟悉电商平台规则和接待流程；
3. 家中需自备电脑，8G及以上运行内存，电脑不卡顿，网速快；
4. 有良好的服务意识，沟通能力强，乐观，抗压力强；
5. 该岗位不接受短期和兼职。

图 3-3　某公司"售中客服"岗位描述

（3）收集3家公司的售中客服岗位职责和岗位要求，填写在表3-2中。

表 3-2　售中客服的岗位职责和要求

序号	公司名称	岗位职责	岗位要求
1			
2			
3			

（4）通过对售中客服岗位职责的了解，加深对售中服务工作的认识。
请思考：售中客服岗位在网店经营过程中的重要性表现在哪里？

（二）掌握催单技巧

1. 订单未完成的原因

小马查看"待付款"的订单信息，发现有3个订单，客户拍下商品后，没有付款。请尝试分析客户未付款的原因,帮助其解决问题,并填写表 3-3。

表 3-3 客户下单后未付款的原因

订单编号	原因	应对方式

2. 选择合适的催付方式

(1)电话催付:请设计一段电话沟通的开场白。
(2)短信催付:请设计一条催付短信。
(3)千牛工作台催付。
千牛工作台的催付设置如图 3-4 所示。

图 3-4 千牛工作台的催付设置

(三)订单处理

1. 核对订单

可以使用千牛工作台设置自动核对订单和地址的功能,具体设置方式如下。
首先,打开千牛工作台,点击"客服",选择跟单工具中的"自动核单",如图 3-5 所示。

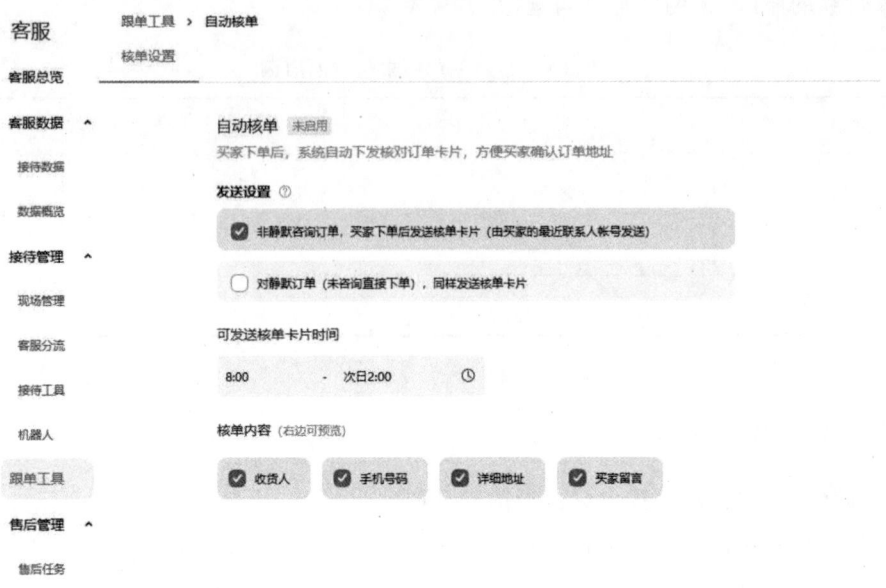

图 3-5　千牛工作台"自动核单"设置

设置"自动核单",点击"保存"并启用即可。设置完成后,千牛工作台将自动发送订单信息给客户,如图 3-6 所示。

图 3-6　订单确认信息示例

订单确认后,进入发货环节,一般大公司的发货由仓库工作人员完成,小公司要由网店客服人员网上单击发货,填写、打印快递单,输入相应的快递单号。

2. 修改订单

1）修改订单价格

网店客服人员给客户修改订单价格时可从千牛工作台进入卖家中心，在"交易"→"订单管理"下"已卖出的宝贝"中找到需要改价的订单进行修改，如图3-7、图3-8所示。

图 3-7　修改订单价格界面

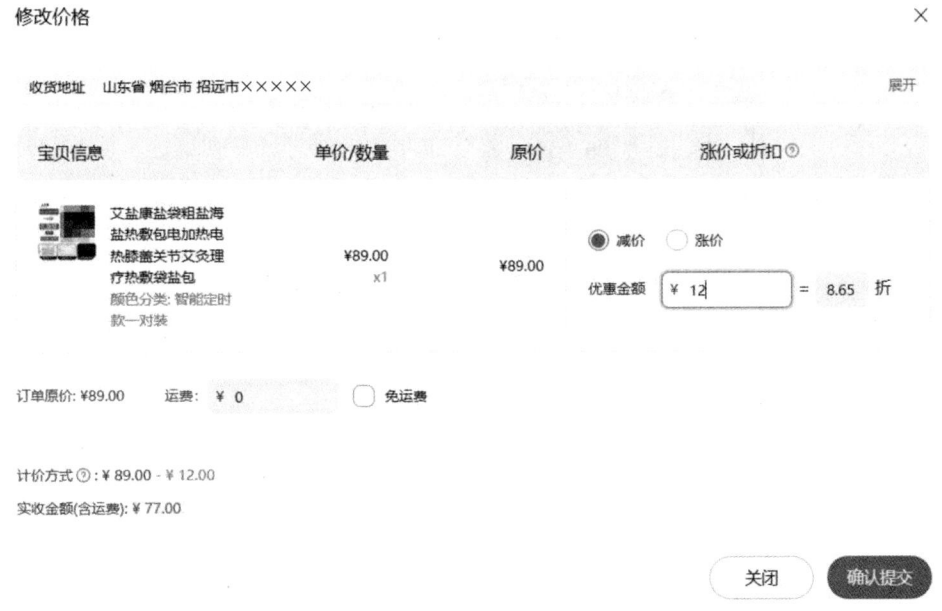

图 3-8　修改订单价格示例

若客户已付款，则卖家无法修改交易价格，建议联系客户说明情况，在客户收到货以后申请部分退款即可。

2）修改订单收货地址

在淘宝网,对于"等待客户付款"的订单,只能由客户自主修改地址;"等待发货"的订单只能由卖家修改地址。客户拍下商品未付款,可以到"我的淘宝"→"待付款"中找到需要修改地址的订单,点击"修改地址",修改后单击"提交修改"即可,如图3-9所示。

在交易状态为"客户已经付款"时,卖家可以在发货前修改收货地址。卖家登录"卖家中心"→"发货"→"等待发货的订单",在具体的订单后单击"发货"→"修改收货信息",填写新收货信息后,单击"确认"即可。

选择"已卖出的宝贝"→"待发货",可以查看待发货订单,选中要修改发货地址的订单,选择"详情"→"修改收货地址",可以对收货地址进行修改,如图3-10、图3-11所示。

图3-9 客户自助修改地址

图3-10 卖家修改地址

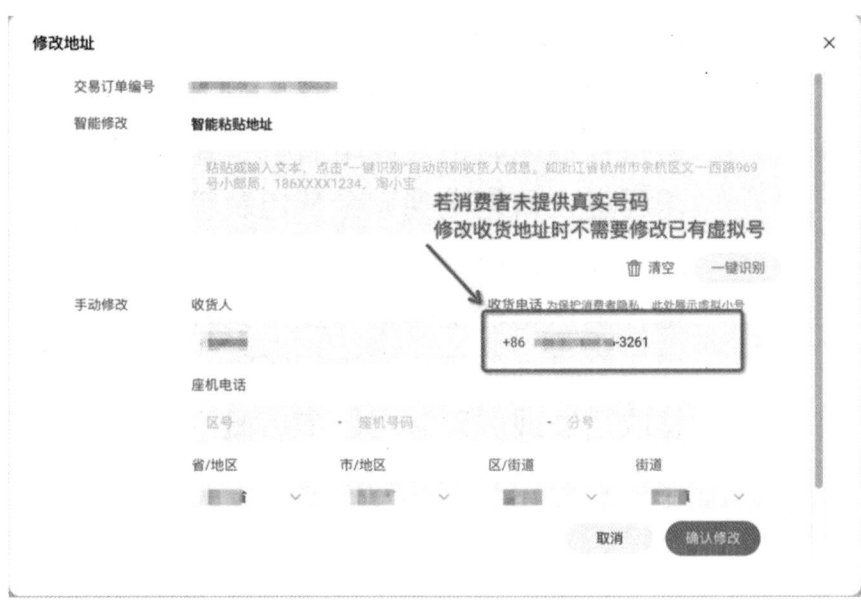

图 3-11　修改收货地址对话框

（四）发送通知

卖家在给客户打包、发货的同时发送一条手机短信,告诉客户快递包裹已经发出并附上快递单号,请客户注意查收,这是提升店铺服务质量的一个重要手段。网店客服人员完成发货后,还需要对订单进行跟踪。整个物流过程有 3 个重要环节,分别是订单发货、订单配送及订单签收,网店客服人员需要将这 3 个环节的信息及时告知客户。卖家在发货的第一时间将信息发送给客户,会让焦急等待的客户感到放心,这样周到的服务会大大提升客户的满意度,从而大大提高客户对店铺的印象分。

(1) 常见的发货、配送及签收信息,如图 3-12、图 3-13 所示。

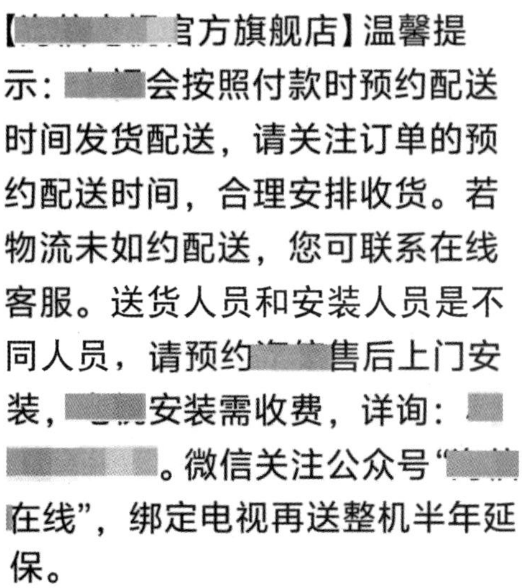

图 3-12　发货通知

【▇▇▇▇▇官方旗舰店】▇▇▇▇

温馨提示:签收前请务必开箱通电验机!通电验机!通电验机!要求配送人员将电视完全从包装箱中取出,放置于平整地面进行通电,确认电视全屏幕可正常完好显示开机画面后,再进行签收。签收后发现屏碎等问题本店概不负责,请您务必仔细检查!

图 3-13　签收通知

（2）请完成下列任务：为网店设计短信通知模板，当订单发货、订单配送、订单签收时会收到该短信。

发货通知模板	配送通知模板	签收通知模板

发送消息时应注意以下两点。

（1）若客户在同一天中拍下多笔订单，只要物流单号是同一个，那么就只会发送一条相关提醒，不要重复提醒。

（2）为了不影响客户休息，物流短信的发送时间为每天 9:00—21:00，21:00 后未发的短信将在次日 9:00 后发送。

巩固练习

一、单选题

1. 下列不属于店铺售中客服工作内容的是（　　）。

   A. 订单确认及核实

   B. 装配商品并打包

   C. 推荐商品

   D. 发货并跟踪物流

2. 在售中客服工作中,以下哪项不属于售中客服人员的职责?（　　）

   A. 解答客户关于产品的疑问

   B. 处理客户退货申请

   C. 制订产品定价策略

   D. 跟进订单物流状态

3. 售中客服人员在何处可以查阅到客户的订单信息?（　　）

   A. 交易管理

   B. 物流管理

   C. 宝贝管理

   D. 客户服务

4. 下列属于订单催付工具的是（　　）。

   A. 客服工具

   B. 短信

   C. 电话

   D. 以上都是

二、多选题

1. 促使客户尽快付款的话术有哪些?（　　）

   A. 商品数量有限

   B. 活动时间有限

   C. 发货时间更快

   D. 活动优惠

2. 合理的催付可以有效提升客户体验,下列哪些属于客户下单后未付款的主观原因?（　　）

   A. 对商品存在疑虑

   B. 对店铺服务有意见

   C. 对价格有异议

   D. 忘记密码

3. 网店售中服务主要包括(　　)发货、物流配送和客户确认收货等。

A. 引导客户付款

B. 核对订单信息

C. 添加备注

D. 礼貌告别

三、简答题

1. 简述售中客服在催付时的注意事项。

2. 简述售中客服的工作职责。

四、实践题

1. 某位客户在网店下单了一双鞋子,但是迟迟未付款,该网店客服人员沟通后了解到客户想再比对下其他网店的鞋子。假如你是该网店的客服人员,请设计一段催付话术,既能促使客户付款,又不引起客户的反感。

2. 假如你是某网店的客服人员,请了解学校附近快递公司的价格和配送时间,并说明你选择该快递公司的原因。

任务实施评价

★学生自评表

序号	技能点自评	评价标准	达到	未达到
1	售中客服的职责	认识售中服务的价值		
2	催单	掌握行之有效的催单技巧		
3	订单处理	掌握查询修改订单技巧		
4	千牛工作台的处理	掌握千牛工作台订单处理的方法		

序号	素质点自评	评价标准	达到	未达到
1	增强团队精神	能够在任务实训中与团队成员良好协作,共同完成任务		
2	树立"总结—反思—提升"意识	树立勤于思考、善于总结、沟通协作的客服职业素质		
3	树立实事求是的职业道德	在跟客户沟通过程中做到实事求是		
4	树立服务意识	树立"不厌其烦、精益求精"的服务意识		
5	培养服务精神	培养"以客户为中心"的服务精神		

★教师评价表

序号	技能点自评	评价标准	达到	未达到
1	售中客服的职责	认识售中服务的价值		
2	催单	掌握行之有效的催单技巧		
3	订单处理	掌握查询修改订单技巧		
4	千牛工作台的处理	掌握千牛工作台订单处理的方法		

序号	素质点自评	评价标准	达到	未达到
1	增强团队精神	能够在任务实训中与团队成员良好协作,共同完成任务		
2	树立"总结—反思—提升"意识	树立勤于思考、善于总结、沟通协作的客服职业素质		
3	树立实事求是的职业道德	在跟客户沟通过程中做到实事求是		
4	树立服务意识	树立"不厌其烦、精益求精"的服务意识		
5	培养服务精神	培养"以客户为中心"的服务精神		

第四章　售后客服

学习目标

知识：明确售后服务的重要性；

及时跟进并处理客户的反馈信息、普通售后问题；

掌握纠纷与投诉的处理技巧；

做好售后评价管理。

技能：千牛工作台有关评价的管理。

素质：树立为客户服务的意识，全力满足客户需求；

培养"以客户为中心"的服务精神；

树立爱岗敬业的工作态度，为客户提供有温度的售后服务。

一、售后服务

(一)售后服务的概念

售后服务就是在客户收到货物之后,卖家所提供的各种服务活动。

从销售工作来看,售后服务本身也是一种促销手段。在追踪跟进阶段,售后客服人员要采取各种形式配合销售,通过售后服务来提高店铺的信誉,扩大商品的市场占有率,提高销售工作的效率及效益。

(二)售后服务的重要性

随着商品经济的发展,客户维权意识增强,消费观念发生变化。在同类商品质量和性能相似的情况下,客户越来越重视售后服务。售后服务在网络交易环节中的重要性也越来越突出。

1. 提高客户的满意度

网店提供售后服务的目的是让客户满意,并将其发展为网店的忠实客户。良好的售后服务能指导客户正确使用商品并解决客户的问题,在无形中提高客户的满意度。

2. 提高客户的二次购买率

高质量的售后服务不仅可以提高客户的满意度,还可以提升客户的信任度,并增加客户重复购买的概率。即使在交易过程中,客户产生了不满意的体验,只要售后服务做得好,网店也能在一定程度上解决客户在前期购买过程中所遇到的问题,甚至能让客户体会到网店的责任感,从而转化为忠实客户,进而再次购买网店的商品。

3. 减少网店的负面评价

对于客户签收后产生的售后服务,当客户来主动沟通时,可通过及时安抚客户,稳定客户情绪,避免客户一时情绪激动给予中差评。通过有效解决客户的问题,不仅能有效避免中差评,甚至可以增强客户对店铺的信任,提高客户的复购率。

(三)售后服务的主要工作内容

1. 主动回访

物流系统显示买家签收货物后,售后客服人员可以主动回访,一方面可以确认货物是否已经拆箱使用,另一方面可以体现店铺对客户的关怀,提升客户的购物体验,加深客户对店铺的印象(图4-1)。

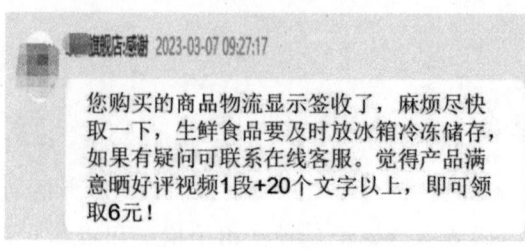

图 4-1　主动回访示例

2. 收集反馈

主动询问、收集客户的反馈意见,不仅可以体现店铺的担当,还有助于改进店铺产品和服务(图 4-2)。

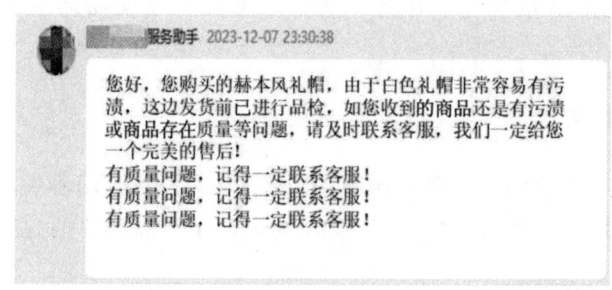

图 4-2　收集反馈意见示例

售后客服人员对收集到的原始反馈意见进行分类整理,提炼内容关键词,提交店铺运营管理人员,形成提升产品或者服务质量的参考依据,意见反馈示例见表 4-1。

表 4-1　意见反馈示例表

问题类型	问题描述	问题原始反馈
外观	色差	衣服颜色与图片不符合
性能	卡顿	手机使用屏幕有卡顿

3. 引导评价

方法一:在客户收到货后,提醒客户签收并好评(图 4-3)。方法二:在包裹内放置感谢信表达问候和谢意,如图 4-4 所示。方法三:打电话回访,提醒客户给予好评。

图 4-3 引导客户评价示例

图 4-4 感谢信示例

4. 评价解释

评价解释是给后来的新客户看的,写一些有质量的评价解释更容易使后面的客户留下深刻的印象,如图 4-5 所示。

图 4-5　评价解释示例

二、处理纠纷

（一）产生纠纷的原因

淘宝店铺的评价由商品描述、服务态度、物流服务三部分构成。其中，卖方服务包括呼叫服务和售后服务等。那么，哪些因素会导致售后服务问题呢？销售后的常见问题主要包括商品质量纠纷、服务纠纷和物流纠纷。

1. 商品质量纠纷

商品质量纠纷是指客户对商品的品质、真伪、使用方法、容量、尺码、体积等相关因素产生质疑而导致的纠纷。例如产品质量问题、色差问题、码数问题、缺陷问题、商品照片与实物不符等。

2. 服务纠纷

服务纠纷是指客户对店铺各项服务产生质疑而导致的纠纷,主要包括售前服务态度问题、售前服务误解问题、售后服务态度问题、售后服务处理效率问题等。

3. 物流纠纷

物流纠纷是指客户对店铺选择的物流方式、物流费用、物流公司和快递人员的服务态度等方面产生质疑而导致的纠纷,主要包括快递投放错误、快递延递、快递员态度差、快递丢失等。

(二)客服售后纠纷处理原则

售后问题出现后,售后客服人员应该做的不是逃避或者推卸责任,而是要勇于面对自己的问题并承担相应的责任。下面是关于售后纠纷处理流程的七大原则。

1. 快速反应

面对客户提出的售后问题或者投诉,要反应快速而且态度好,不要让客户因为等待而更加急躁,导致问题被无限放大。

2. 认真倾听

倾听是最好的一种沟通方式,面对客户提出的问题,要学会认真倾听,也许客户只是发发牢骚并没有其他重要的问题,但是客户要是发现网店客服人员对他所提出的问题置之不理或者态度冷淡,那么他对店铺的印象就会更差。

3. 作出解释

听完之后,网店客服人员要针对客户提出的问题给予相应的回答,从客户角度出发去解答问题。

4. 诚恳道歉

要学会诚恳道歉,取得客户的谅解。

5. 提供备选方案

道歉之后,网店客服人员要为客户提供解决方案,最好多准备几个解决方案供客户选择。当客户的权益受到损害时,店铺应该根据实际情况,给予合理的赔偿。赔偿可以是物质上的,如退款、换货或维修等;也可以是精神上的,如赔礼道歉等。无论是哪种方式,都应该以客户的利益为重,尽量满足客户的需求,以化解纠纷,恢复客户对网店的信心。

6. 及时执行

确定解决方案之后，要及时执行，千万不要拖延时间，以免刚刚建立的好感，因拖延而消失。

7. 获得反馈

行动之后，要及时从客户那里得到反馈。建立完善的售后服务评估机制是解决纠纷的长效措施。应该定期对售后服务进行评估和改进，了解客户的满意度和需求，及时发现和解决问题。评估可以通过客户满意度调查、投诉率统计等方式进行，以客观的数据为依据，不断提升售后服务的质量和水平。

（三）中差评处理

当店铺出现中差评时，一定要第一时间通过客户的评价内容判断出中差评产生的原因，快速给出解决方案。根据淘宝网的评价管理，在客户对某笔订单作出评价后的 30 天内，客户可以对中差评进行修改或删除（天猫、京东、拼多多、抖音不可删除）。评价修改或删除后即时生效，中评或差评只能修改为好评或删除，且只有一次机会，如差评修改为好评后，将不能再删除或修改。

客户之所以会给中差评，很可能就是店铺的产品或者服务存在问题。因为很少有客户故意给店铺中差评。此时，售后客服人员要真诚地向客户道歉，与客户进行沟通，这是让客户更改评价的第一步。如果售后客服人员不能做到真诚道歉，则很难让客户更改自己的评价。

1）沟通时心平气和

在与给中差评的客户进行沟通时，客户的态度通常不好，甚至可能出现言辞激烈的情况。针对客户的负面情绪，售后客服人员要心平气和，始终用轻缓的语气向客户表达自己的歉意。如果客户言辞激烈时，售后客服人员也言辞激烈，沟通将毫无效果，更谈不上让客户修改评价。

2）对于不更改评价的客户，不能进行言语污蔑

并不是所有给中差评的客户都会接受售后客服人员的道歉，有些客户对已作出的评价不会更改。如果真诚道歉也不能让客户更改评价，售后客服人员不能进行言语污蔑，而是可以选择在回评里解释一下，表明店铺的态度和做法。这样不仅仅是给沟通不成的客户看，更是给以后的客户看。

（1）对于一般的纠纷，常见的处理方法：快速响应→了解情况→及时道歉→寻求处理方法→跟踪落实。

示例一：对商品不满意产生的纠纷，如图 4-6 所示。

纠纷原因：客户拍下了一件四件套，仓库人员粗心大意，给客户发了一件有污渍的货品。收货后，客户水洗后仍然有污渍，感觉很不满意。在这次纠纷中，客服人员诚恳地向客户了解情况，明确是店家疏忽后提出了解决方案，最终解决了纠纷。

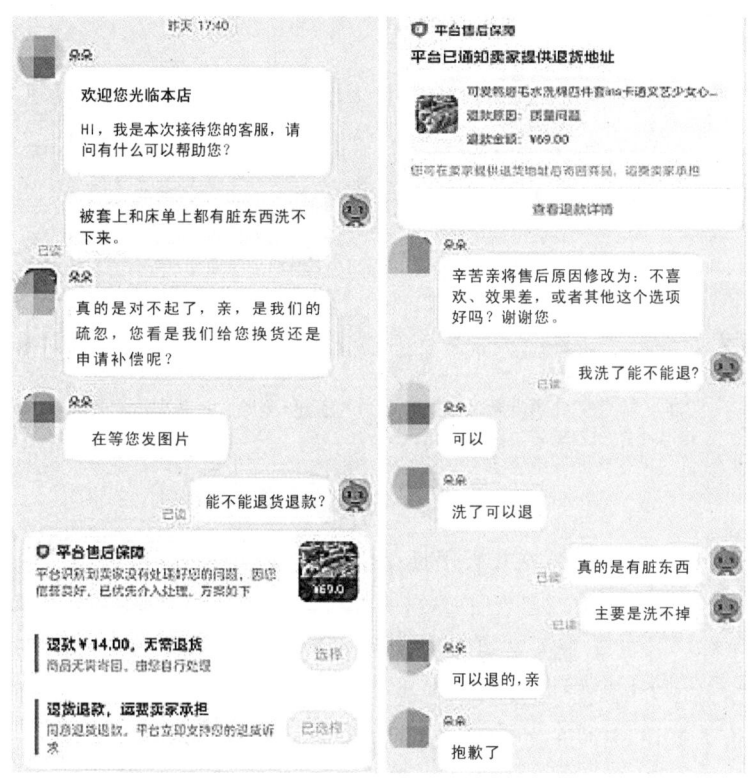

图 4-6 对商品不满意产生的纠纷处理示例

示例二:对服务态度不满意产生的纠纷,如图 4-7 所示。

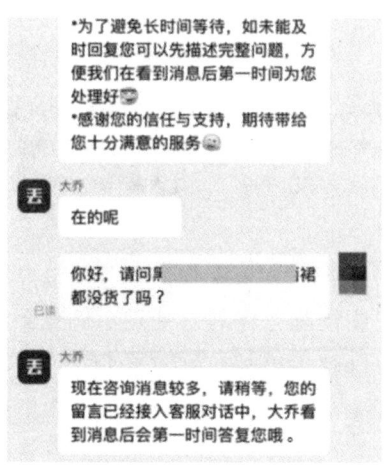

图 4-7 对服务态度不满意纠纷的处理示例

纠纷原因:客户看中了一款连衣裙但不知是否有货,于是向客服人员询问,可是客服人员好几分钟也没回复。客户感到很不满意,认为自己没有受到重视。对于因客服人员服务态度引起的纠纷,应诚恳地向客户道歉,争取得到客户的谅解。对于一些不满情绪比较强烈的客户,可以适度采取补救措施,如"送优惠券""送抵金券"等。

示例三：对物流不满意产生的纠纷，如图 4-8 所示。

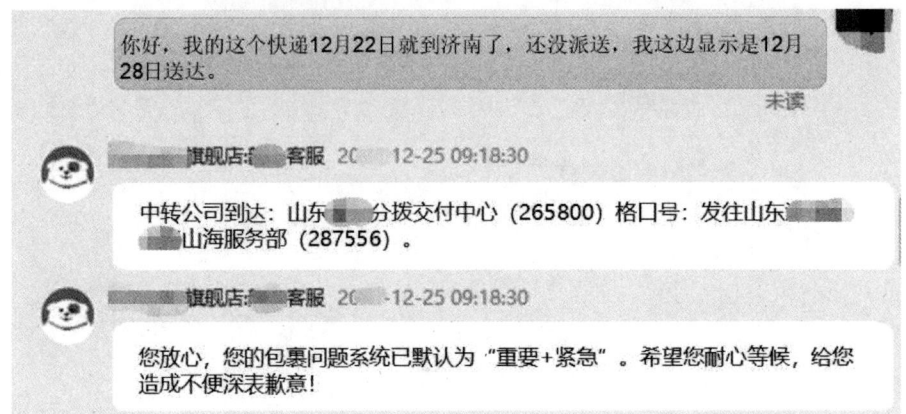

图 4-8　对物流不满意产生的纠纷处理示例

纠纷原因：客户拍了件商品，好几天了还是没有收到，客户等得不耐烦了。

如果客服人员在接待客户时已经了解到一些快递是因为不可抗拒的因素耽误了，如雪灾等，就比较好做工作。这时客服人员可以采取相应措施，一方面注意提醒相关地区的客户考虑更换发货方式，另一方面对已经发货的包裹主动跟踪，不要让客户因快递的延误而投诉。

（2）若客户给了差评，常见的处理方法：快速反应→联系客户→了解情况→及时道歉→寻求处理方法（退货还是补偿）→跟踪落实（如果没修改差评，做好差评解释）。例如，客户拍了件黄色的连衣裙，收到货后觉得商品质量太差，于是给了差评，如图 4-9 所示。

图 4-9　客户差评示例

作为客服，肯定是希望客户能修改差评的。处理示例见图 4-10。

通过客服人员的努力，客户修改了差评。在这个例子中，客服人员真诚地道歉并说明了原因，为表示感谢，返现×元给客户。若客户给了差评并拒绝修改，这时就需要作好评价解释。

例如，客户拍下了一件衣服，收货后对商品质量不满意，直接给了差评，如图 4-11 所示。

售后客服人员通过电话和客户进行了沟通，表明质量有问题的商品可以七天包退换，但客户还是觉得麻烦，不愿意修改差评。于是，售后客服人员对该差评进行了解释，如图 4-12 所示。

第四章 售后客服

图 4-10 差评处理示例

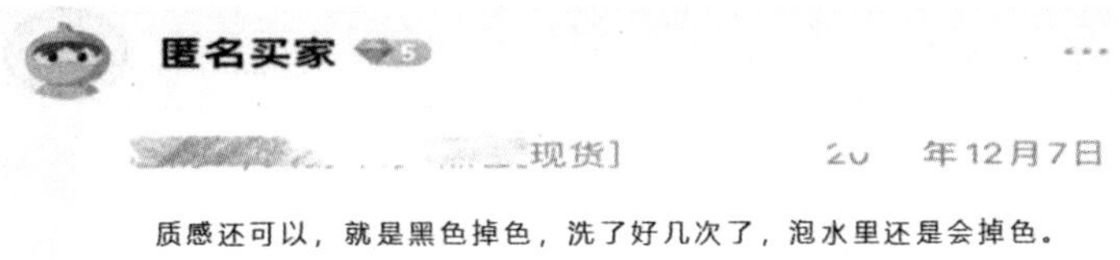

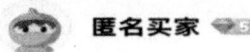

质感还可以，就是黑色掉色，洗了好几次了，泡水里还是会掉色。

图 4-11 差评示例

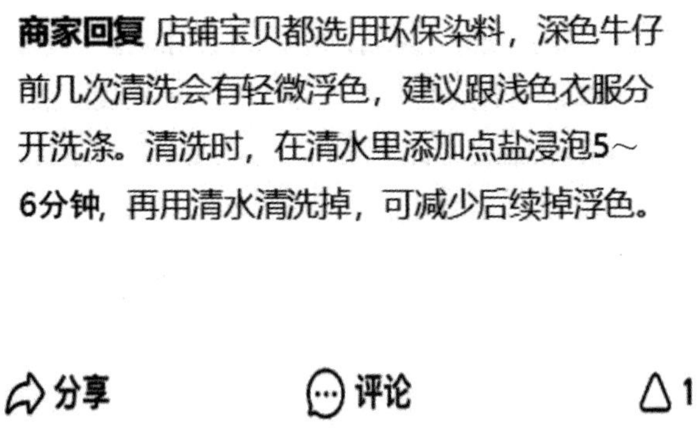

商家回复 店铺宝贝都选用环保染料，深色牛仔前几次清洗会有轻微浮色，建议跟浅色衣服分开洗涤。清洗时，在清水里添加点盐浸泡5~6分钟，再用清水清洗掉，可减少后续掉浮色。

图 4-12 差评解释

专家建议

网店客服人员在处理中差评的时候还需要注意以下一些细节。

(1)引导客户修改评价前,需要看客户和网店客服人员之前的聊天记录和评价内容,对客户的性格有一个大概的了解,根据客户性格采用客户最能接受的态度和方式进行沟通,选择对应的方案解决问题。

(2)客户如果答应修改中差评,要保证时效性,及时跟进。

(3)避免和反应过激的客户有言语冲突,选择合适的时机进行沟通。

(4)即使不能修改中差评,在评价解释中也不能出现辱骂客户的字眼,更不能通过恶意电话、公布客户信息等方式骚扰客户。

(5)平台严令禁止店家通过恶意骚扰客户的方式迫使客户修改中差评,一旦发现,平台将会对店家处以扣12分的处罚,情节严重者处以扣48分的处罚。

思政园地

随着我国数字经济的蓬勃发展,网络消费已经成为社会大众的基本消费方式之一,网络消费纠纷案件数量也随之增长。网店客服人员在面对纠纷时,要有意识地增强自身的忧患意识和危机意识,透彻分析客户对所提供商品或服务产生的抱怨或质疑的原因,力求从客户的不满意中获得更多的改善意见。维护客户合法权益,促进数字经济健康发展。

三、回访客户

(一)新客户与老客户购买的区别

老客户一般通过收藏或者在已购买商品中直接进入网店,因为有之前的购买经验,所以他们一般只看看样式以及是否有优惠,经过简单咨询就下单,或者直接拍下付款。通过对比可知,老客户比新客户更稳定、更容易发展,维护成本更低。

(二)影响老客户购买的主要因素

影响客户重购的关键因素有很多,例如客户满意度、品牌知名度、客户对店家的信任度、产品质量、客服服务态度等,只有把握住了这些关键因素,才能引导客户进行复购。

1. 客户满意度

客户是否满意,关键在于店家所提供的产品和服务是否与客户所期望的匹配。举个例子,客户想要购买一张深紫色的桌子,而客户最终收到的是一张浅紫色的桌子,那么显然,在这个销售案例中店家所提供的产品和客户的期望是相距甚远的。在实际的销售中,这种差距一般都是存在的,只有尽可能缩小这种差距,才能提高客户的满意度。客户满意度一般取决于以下几个标准。

1)信赖度

店家向客户承诺某件事,如果店家可以实现承诺,那就可以获得客户的信赖。

2)专业度

专业度是指店铺工作人员是否专业,这也会影响客户对店家的信任度。

3)有形度

有形度是指店铺从外在呈现出来的东西,如页面环境、分类设置、人员素养等。

4)同理度

同理度是指店家是否会设身处地地站在客户的角度想问题,是否可以做到为客户着想。

5)反应度

反应度是指客服人员是否可以及时回应客户的需求。当出现问题时,是否采取积极主动的服务态度,马上回应并迅速解决问题。

6)物流配送满意度

这是非常容易被忽视的一个因素,因为很多店家认为物流属于第三方,并不属于自己运营的一部分,但是店家却忽略了一个问题,客户关注的是商品,而不是物流的归属问题,换言之,如果物流的配送出现了问题,客户会直接把问题转嫁给店家,会把对物流的不良印象直接归结于店家。因此,物流配送的满意度也是提高客户复购率的重要影响因素,店家需要经常关注物流的配送情况,并对可能出现问题的订单作出跟踪反馈,这既可以体现出店家对客户的关注度,也可以让客户体会到店家的真诚,唤起客户二次购物的欲望。

2. 产品价值

对于客户来说,付出了一定的钱款,就会产生对相应价值商品的期盼,从消费心理学的角度来说,客户在购物以后都会对商品产生一定的期冀,若这种期冀落空,也就是商品的价值难以与客户付出的金钱平衡,则会让客户产生很大的心理落差,对店铺的满意度也会大幅降低,那么这时候店家再做任何的复购营销都成效不佳了。因此,对于大部分客户来说,只要商品能够达到预期,或者超出预期,就会对店铺有一定的认可度,愿意接受店铺后续的营销;而对于店家来说,就必须保证商品的质量,避免出现为了提高销量而降低商品质量的情况。

3. 品牌知名度

品牌是很多客户在购物的时候会重点考虑的一个因素,因为大品牌往往给客户可靠、诚信等印象,而小品牌则在这些方面难以给客户树立信心,客户担心商品的使用、售后等产生问题而得不到解决。店家需要了解客户的这种消费心理,根据自身的品牌规模及影响力,采用恰当的营销方式。对于大品牌来说,要抓住客户的这种品牌心理,做好品牌形象的维护,并配合适合的复购营销,对客户复购可以起到推动作用;而对于小品牌来说,就更需要从细节之处体现店铺的文化、服务,让客户感受到小品牌背后有不输大品牌的服务,从而愿意接受小品牌的复购营销。

4. 客户对店家的信任度

如果说让客户满意度提升是复购营销的第一步，那么提升客户的信任度就是复购营销的第二步。提升客户信任度的途径有很多，例如答应客户的事情必须做到，为客户提供专业的服务，或者向客户推荐适合的产品，而不是为了销量盲目推销。通过提升客户信任度，客户可能愿意接受店铺的营销行为，从而重复购买，成为店铺的忠实客户。

5. 客服服务态度

客户因为价格而犹豫不决的时候，客服人员可以站在客户的角度为其考虑，让客户在店铺中找到归属感，那么客户对店铺的信任度、好感度都会提升。反之，如果客服人员因为客户没有购买欲望而冷眼相对，那么必然会丧失客户的信任，客户的复购行为就难以产生了。

（三）客户回访

在电商平台购物，由于无法面对面沟通，交流全靠打字，因此网店客服人员需要靠文字来传达自己的热情，促使客户下单。但网店客服人员不能只关注新客户，同时也要花费一些精力维护老客户，对老客户进行定期回访可以增加店铺的回购率，维护店铺的形象；对于有意见的老客户要及时收集他们的意见，采纳有利建议。网店客服人员回访客户时要掌握一定的技巧和话术。

1. 细分客户

为做好回访工作，客服人员首先要对客户进行细分，对不同类别的客户制订不同的回访服务策略，这样能提高服务客户的效率。客服人员可以根据客户来源进行分类，比如电话咨询客户、自主开发客户、广告宣传吸引客户、老客户推荐客户等。

2. 明确客户需求

客服人员要知道自己回访客户的目的是维护好老客户，体现店铺的优质服务，维护店铺的好形象。因此，客服人员要了解客户对产品的使用感受，对客服人员的服务是否满意，反馈意见等，只有明确了客户的需求，才能更好地提升自己的服务能力。

3. 二次回访

客服人员还要做好对已回访客户的二次回访，在首次回访中了解到客户对店铺的建议等，店铺改进产品、服务后，客服人员可以二次回访客户，了解客户最新的感受等，这样不仅可以解决问题，还能给客户留下良好的印象。

4. 回访话术

1）快递运输途中

在客户收到货物前，主动给客户提供物流信息，让客户感觉到被重视，也能够给客户一个好印象。

话术：①您好，我们已经对您购买的商品进行了快递跟踪查询，查询结果如下（附快递信息的截图）。预计××天您将收到商品，请注意查收，收到商品后，如果有任何问题，请尽快与我们联系。②如果您对宝贝满意，请对我们的服务给个好评哦！谢谢啦！亲，您的好评对我们很重要，也是我们不断提升的动力，谢谢您的信任与支持！

2）作出评价后

在客户评价后，别忘了给客户发一条感谢的消息，要让客户知道他买到的并不只是店铺的商品，同时还有客服完美的服务，这样可以提高客户的复购率。

话术：亲，感谢您的真诚评价，您对我们的认可就是我们不断努力的动力哦。希望在以后的日子里，还能继续得到您的支持，我们也将会一如既往地给您提供最贴心的服务！

3）客户退款

在客户申请退款时，客服人员首先要搞清楚客户退款的原因，如果是店铺问题，客服人员要对客户表达歉意，并给予一定的赔偿。

话术：您好，不好意思打扰您了，请问您现在方便接听电话吗？我这边是×××集团旗下的专业客服，来电是和您确认一下您的订单退货退款事宜。很抱歉给您带来不愉快的体验，我们这边给您争取了最佳的售后服务。

4）大促活动

客服人员可以在大促活动时，给客户发送关于店铺的活动信息。温馨的问候和体贴的服务，可以让客户感受到客服人员的用心。

话术：亲，一年中的盛大优惠活动已经开始了，除了官方满减外，还有优惠券，买满送豪礼，加购送豪礼，新品专区 n 折等惊喜礼品等您来拿哦！再送您一张××元优惠券，时间不多了，赶紧买买买！

四、课中任务实施

（一）处理纠纷

客户一旦与网店产生纠纷，处理不好就会影响网店的信誉。作为售后客服人员，不仅要熟悉平台售后的规则，还要尽自己所能处理纠纷，化解网店危机。思考纠纷产生的原因，尝试给出对应的解决方法，完成表 4-2。

表 4-2　纠纷产生的原因及解决方法

纠纷类型	纠纷产生的原因	解决方法
产品纠纷		
服务纠纷		
物流纠纷		

(二)售后客服话术练习

(1)售后客服的工作非常烦琐,挑战性极强,请完成表4-3中的售后客服常见话术。

表4-3 售后客服常见话术

售后类型	话术
同意退款	
证实发错货	
快递丢件	
预收款	
发货后要求退款	
缺货留言	

(2)面对同行竞争给出的中差评,要如何回应?

巩固练习

一、单选题

1.售后客服人员在遇到客户退换货时,下列处理方法中正确的是(　　)。

A. 一直跟客户聊天推荐我们的商品和套餐

B. 应先查明原因,掌握客户的实际意图,找到问题并解决问题

C. 与客户聊天,告知客户网店相关的退换货规则和流程

D. 与客户聊天,告知客户退换货的责任划分原则

2.下列哪项不是售后服务的常见形式?(　　)

A. 维修和更换

B. 退货和退款

C. 咨询和建议

D. 产品广告和推广

3.为了提供良好的售后服务,以下哪项不是必要的?(　　)

A. 建立完善的客服团队

B. 提供24小时在线咨询

C. 提高产品价格

D. 建立客户反馈渠道

4.店家可以修改中差评吗?客户可以修改评价几次?(　　)

A. 可以;三次

B. 不可以;一次

C. 不可以;两次

D. 可以;一次

5.对于解决不了的中差评,客服人员要怎么做?(　　)

A. 直接把无理由给中差评的客户拉黑名单

B. 威胁客户,不修改就把他的个人信息曝光

C. 对客户进行短信、电话轰炸,直到客户修改中差评为止

D. 在客户评价下方回复:很遗憾,我们的产品和服务没能让您满意。我们需要不断地改进,请亲不断地提建议,这样我们才会更加的完美,本小店会保留亲的差评,作为我们前进的见证,十分感谢亲的支持

6.客服人员在处理退款时首先要(　　)。

A. 真诚地道歉

B. 真诚地致谢

C. 了解客户退款的真实原因

D. 热情地问好

7.售后服务的目的是什么？（　　）

A.提高销售额

B.解决客户问题并提高客户满意度

C.建立客户忠诚度

D.吸引更多新客户

二、多选题

1.售后客服的主要职责包括哪些？（　　）

A. 解答客户关于产品的疑问

B. 处理客户投诉和纠纷

C. 提供产品维修和更换服务

D. 推销新产品

E. 跟踪订单物流状态

2.在处理客户投诉时，售后客服应遵循哪些步骤？（　　）

A.立即拒绝客户的要求

B.认真听取客户投诉内容

C.记录客户问题和联系方式

D.核实问题并寻求解决方案

E.忽视客户的情绪，直接处理问题

3.售后客服在处理退货退款申请时，需要考虑哪些因素？（　　）

A.产品的购买时间

B.产品的损坏程度

C.客户的个人喜好

D.退货退款的流程和要求

E.客户的退款金额要求

4.为了提高客户满意度，售后客服可以采取哪些措施？（　　）

A.提供快速响应和解决方案

B.加强与客户的沟通和反馈

C.提供个性化的服务

D.忽视客户的反馈和投诉

E.定期回访客户并收集意见

三、简答题

1.简述售后客服的重要性。

2.简述纠纷的类型。

四、实践题

某网店销售的牛肉酱由于没有添加任何添加剂,开封后需要在 7 天内食用完,而且需要放在冰箱保存。一客户因购买的牛肉酱在开封食用数十天后发霉,向网店进行投诉并要求赔偿,其理由是网店详情页上说明字体过小而且客服人员未向其说明食用时间和保存方式,导致食品变质。作为售后客服,你如何合理解决此投诉,让客户满意?请给出解决方案。

任务实施评价

★学生自评表

序号	技能点自评	评价标准	达到	未达到
1	售后客服的职责	认识售后服务的价值		
2	纠纷处理	掌握行之有效的纠纷处理技巧		
3	中差评处理	掌握中差评处理技巧		
4	千牛工作台的处理	掌握千牛工作台客户回访的方法		

序号	素质点自评	评价标准	达到	未达到
1	增强团队精神	能够在任务实训中与团队成员良好协作,共同完成任务		
2	树立"总结—反思—提升"意识	树立勤于思考、善于总结、沟通协作的客服职业素质		
3	树立实事求是的职业道德	在跟客户沟通过程中做到实事求是		
4	树立服务意识	树立"不厌其烦、精益求精"的服务意识		
5	培养服务精神	培养"以客户为中心"的服务精神		

★教师评价表

序号	技能点自评	评价标准	达到	未达到
1	售后客服的职责	认识售后服务的价值		
2	纠纷处理	掌握行之有效的纠纷处理技巧		
3	中差评处理	掌握中差评处理技巧		
4	千牛工作台的处理	掌握千牛工作台客户回访的方法		

序号	素质点自评	评价标准	达到	未达到
1	增强团队精神	能够在任务实训中与团队成员良好协作,共同完成任务		
2	树立"总结—反思—提升"意识	树立勤于思考、善于总结、沟通协作的客服职业素质		
3	树立实事求是的职业道德	在跟客户沟通过程中做到实事求是		
4	树立服务意识	树立"不厌其烦、精益求精"的服务意识		
5	培养服务精神	培养"以客户为中心"的服务精神		

第五章　客服数据

学习目标

知识：掌握客服数据分析方法；
　　　熟悉客服数据监控的各种渠道。
技能：学会使用数据工具；
　　　学会监控数据。
素质：树立谨慎的工作态度，树立正确职业价值观；
　　　培养学生应用知识的能力。

一、客服数据分析

店家可对客服工作的相关数据进行分析,如接待人员数、销售额、客单价、询单转化率等,从而进一步提高工作效率。服务洞察是生意参谋中的一个功能,主要用于监测子账号的各项服务数据,帮助店家从实际数据出发,不断提升服务质量。下面介绍如何通过服务洞察功能分析与监控客服数据。

(一)客服接待分析

通过服务洞察,店家可以监测自己店铺客服团队的效率,了解同行业客服团队的效率,并通过后台数据沉淀完成单个客服人员的绩效考核,从而帮助店家提升对客服人员的管理能力,全方位优化客户服务体验。

服务洞察能够展示每一位客服人员的贡献、接待压力情况,随时激励客服人员,让每一位客服人员都能轻松面对客户,取得好成绩。服务洞察更有尊享客服大屏的功能,可助力店家在各种大促、店铺活动中获胜。

客服接待数据分析,主要是指对咨询人数、接待人数、支付客户数3个方面的内容进行分析。

(1)咨询人数:所选时间段内,咨询客服人员的客户总数。

(2)接待人数:所选时间段内,客服人员接待的客户数(不包括接待过滤人数)。

(3)支付客户数:所选时间段内,客服人员接待后购买支付的客户数。

店家可快速查看客服接待效率,监测客服服务效率细节,提升整体服务能力。服务洞察还支持与同行同层的优秀服务进行对比。客服接待效率的重点监测指标包括客服平均响应时长、客服首次响应时长、客服回复次数、客服30秒响应次数、客服10分钟未响应次数等。

(二)客服销售分析

客服销售分析主要是指对销售额、销售量、销售人数、订单数、个人销售额占比等销售指标进行分析。

1. 销售指标

(1)销售额:通过客服人员服务成交的客户,在所选时间段内付款的金额。

(2)销售量:通过客服人员服务成交的客户,在所选时间段内付款的商品的件数。

(3)销售人数:通过客服人员服务成交的客户,在所选时间段内付款的人数。

(4)订单数:通过客服人员服务成交的客户,在所选时间段内付款的订单数。

(5)个人销售额占比:个人销售额占比反映了个人对客服团队的贡献大小,个人销售额占比=某客服人员的个人销售额/客服团队的总销售额。

影响网店销售指标的因素有很多,其中销售量是网店销售情况最直接的反映。销售量是指客服人员在一段时间内成功销售商品的数量,这一数据是对客服人员销售能力的综合考查。因此,除了要单独统计客服人员的个人销售量外,还要对比个人销售量与网店总销售量及其他客服人员销售量,并进行分析。

2. 客服人员销售量占总销售量的比例

网店总销售量是指在一定时期内网店交易成功的商品数量,由静默销售量和客服人员销售量两部分组成。

店家通过商品详情页将商品展示给客户,客户阅读商品详情页信息后,自行下单购买商品,这种以自助选购的方式销售的商品数量称为静默销售量;而通过咨询客服人员、经客服人员推荐等销售的商品数量,则称为客服人员销售量。

对于中型网店而言,客服人员销售量占比应接近网店总销售量的60%。如果客服人员销售量占比不能达到这个水平,则说明客服人员对客服的基础知识掌握得不是很好,且缺乏相应的责任心。

客服人员销售量占网店总销售量的比例是考核客服人员的一个重要指标,该指标主要用于考查客服人员的销售能力,包括客服人员对商品的熟悉程度、服务态度、沟通话术和销售技巧等各个方面,是客服人员综合能力的表现。

3. 客服人员之间销售量的对比

对比客服人员之间的销售量,可以更加准确地判断客服人员的工作效率和工作态度。除此之外,还可以通过对比客服人员之间的销售量来检查网店的客户分流是否科学、完善,客服人员的工作是否到位。客服人员之间销售量的对比是检查每一位客服人员工作情况的必要手段,并对改进客服人员的工作情况具有积极的效果。

通过客服人员的个人对比数据,店家可以看到店铺内的咨询客服人数、客服回复人数、客服未回复人数、客服回复率和咨询客服次数等。

4. 贡献转化

店家通过贡献转化数据可快速查看客服团队和客服人员个人的引导成交转化效果,以实时监测团队绩效,并支持对标同行同层优秀服务效果。

(三)客单价分析

客单价是指网店成交客户平均每次购买商品的金额,即平均交易金额。客单价的计算公式:客单价=销售总金额÷成交客户数。例如,某个网店有10位客户前来购买商品,他们的总成交金额是3000元,那么客单价就等于总成交金额3000元除以成交客户数10的结果,即300元。客服人员客单价即可定义为某一位客服人员服务后的成交金额与成交客户数的比值。客服人员客单价决定了网店客单价,所以在考核客服人员的工作中,客单价是一个极为重要的指标。

专家提示

一家网店的客单价比较高的话,网店的利润也会相对较大。客服人员在提高客单价方面起着重要作用。比如很多妈妈在第一次购买母婴商品时不知道要买些什么,这时如果客服人员主动向其推荐商品,她就有可能购买更多的商品,从而提高网店的客单价。

表 5-1 为某男装店的 3 名客服人员一周成交量统计的数据。通过对比,可以看出即便是同一个网店的客服人员,由于销售技巧不同,客单价的差别也很大。

表 5-1　客服人员一周成交量统计

客服人员	接待人员/人	成交件数/件	成交笔数/笔	成交额/元	客单价/(元/人)
客服人员 1	289	230	210	6780	32.29
客服人员 2	432	380	330	7540	22.85
客服人员 3	358	295	260	7102	27.32

通过表 5-1 中数据,可以分析出这 3 位客服人员在销售过程中的一些特点。

客服人员 1 的销售特点:成交笔数是三者中最少的,但客单价反而是最高的,这说明客服人员 1 在向客户推荐商品时更倾向于推荐价格高的商品。

客服人员 2 的销售特点:成交笔数是三者中最多的,每个订单拍下的商品数量也是最多的,说明客服人员 2 有着较强的销售能力,能在较短的时间内说服客户购买更多的商品,但其客单价是最低的,这就说明客服人员 2 可能更倾向于推荐价格低的商品。

客服人员 3 的销售特点:成交笔数较多,但每个订单拍下的平均商品件数不多,说明客服人员 3 商品销售及关联销售能力有待提高。客单价虽然比客服人员 2 的高,但如果成交件数增多的话,那么客单价也将会有很大的提升空间。

综合 3 位客服人员的销售特点和客单价情况,可以看出客单价的高低可能和客服人员的引导购买能力、关联销售能力、商品价位选择、销售能力等有关。下面将从 3 个方面介绍客服人员提高客单价的方法。

1. 激发客户的购买需求

很多时候,客户的购买需求是潜在的、隐性的,他们的购买诉求并不明确,这时就需要客服人员对其进行引导。除了通过商品知识的介绍重点突出商品的优势外,客服人员还要向客户介绍网店活动,可以从价格方面引导客户购买商品。

1)促销活动

许多网店选择在节假日对商品进行促销,常见的形式有直接打折、买满包邮、买一送一等。客服人员需要向客户介绍网店活动,让客户认为这个活动是难得一遇的,再加上对商品优势的解说,可激发客户的商品购买欲望,增加客户的购买量,从而提高客单价。图 5-1 为促销活动的展示页面。

图 5-1　促销活动的展示页面

2）限时限量抢购

为了提高商品的销售量，网店往往会参加电商平台举办的一些规模较大的商品特卖活动，如聚划算、天天特卖等。客户往往被这些活动中较低的商品价格所吸引，此时客服人员要做的就是不断向客户讲解活动力度的前所未有、活动时间的紧迫性、库存数量的有限性等，以激发客户的购买欲望。图 5-2 为限时限量抢购活动页面。

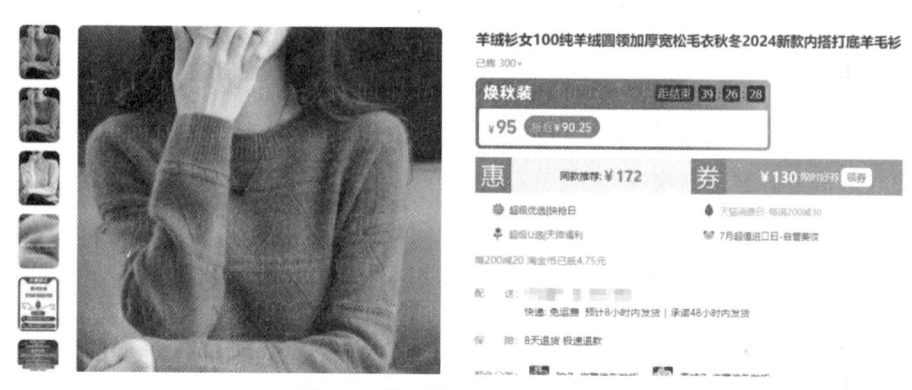

图 5-2　限时限量抢购活动页面

2. 合理搭配销售

客单价是通过客户的订单价格来计算的，如一位客户在下单时拍了 4 件商品，总共 650 元，那么客单价就为 650 元。客单价与客户所购商品的平均价格是没有关系的。所以通常认为，客户买的东西越多，客单价就越高，这就要求客服人员在销售过程中要进行合理的关联商品推荐。商品的关联性越强，组合越合理，就越能激起客户进行关联购买的欲望。

商品之间的关系可以分为互补型商品、同类型商品、不相关商品 3 种。销售商品时，客服人员一般要进行关联销售的是同类型商品和互补型商品。除此之外，价格型的商品关联和数据型的商品关联也是常见的商品关联方法。

1）互补型关联

商品的互补型关联是指互补型商品进行搭配销售，免去了客户对"怎么搭配"的困扰。这类关联适合采用嵌入式关联，可放在商品详情页中的各个地方，抓住客户最初的购买意向。

2）同类型关联

同类型关联是指关联商品在内在属性、使用方法、美观性等各个方面具有相似性。客服人员需要对这类商品进行组合分类,当客服人员清楚地了解客户的需求后,向客户推荐商品时才更具针对性。

3)价格型关联

一些客户购买商品时会带有求廉心理,他们习惯在商品的价格上精打细算。所谓价格型关联,就是指客服人员在搭配商品的时候注重商品价格的搭配,较为理想的搭配方式是"高价位商品价格＋低价位商品价格≈高价位商品原价"。这样的搭配方式会让客户感到非常实惠。这样一来,客户一次购买的商品数量就会变多,客单价自然也就上去了。

4)数据型关联

数据型关联是指根据客户之前的浏览记录、购买情况等数据信息,推测商品搭配的可能性,站在客户的角度对商品进行关联销售。一般可采用以下两种方法进行数据型关联。

(1)根据客户的购买记录。在千牛卖家工作台找出商品的销售记录,统计购买了A商品的客户同时购买了哪些商品,如果发现购买了A商品的客户同时购买B商品、C商品、D商品、E商品的概率较高,那么就把A商品与B商品、C商品、D商品、E商品关联起来。客服人员在推荐商品时要以商品搭配起来销售的销量和客户的喜欢程度为依据向客户进行推荐。

(2)按照客户的浏览习惯。客服人员要关注正在浏览A商品的客户是否同时浏览了W商品、E商品、R商品,这也能成为商品关联的依据。

3. 适当推荐高价位的新商品

对于客服人员来说,影响客单价的另一个因素就是商品的价位。如果一位客服人员在销售过程中总是推荐特价、低价的商品,那么客单价就上不去;如果商品单价比较高,那么客单价自然也会提高。下面介绍客服人员如何通过与客户的沟通来促进客户购买高价位商品,以此来提高客单价。

1)分析消费群体

客服人员不能随意向客户推荐高价位的商品,要在对客户的价格需求与购买力进行合理分析的基础上因人而异。当客户说出类似下列例子的话语时,客服人员就可以为这类客户推荐一些高价商品:①我不喜欢太便宜的,质量没保证;②价格高低都无所谓,只要商品安全系数高、质量好就行;③我买东西就图个放心。

客服人员可以在客户的需求表达中挖掘出客户购买商品时最在意的一些因素,当获知客户考虑最多的不是价格因素之后,就可以向客户推荐一些价格略高的商品。

2)突破销售高价位商品的心理障碍

客服人员要敢于推荐高价位的商品。销售低价位商品和销售高价位商品所付出的时间和精力是一样的。既然如此,客服人员在销售过程中可以适当地把销售重心放在高价位商品上。

首先,客服人员要知道商品给客户带来的价值不可以用客户为商品支付的金额来直接衡量。其次,客服人员要相信客户的购买能力永远比自己想象的要强,如果没有帮客户选到真正想要的好商品,就是客服人员的失职。最后强调一下,客服人员在销售过程中给客户着重推荐的第一款商品的价格尽量要高,如果客户接受不了这样高的价格,客服人员可以换别的商品或通过议价来达成一致,这是客服人员想要达到较高客单价必须要做的。

3)合理引导劝说

客服人员一定要让客户有"一分钱,一分货"这个概念,选准理由,旁敲侧击地劝说客户下单付款是很重要的,客服人员在劝说客户接受高价位的商品时常使用的理由如下。

(1)耐用程度:价格高的商品在质量和售后服务方面有一定的保障,商品的耐用性更强,客服人员可以以此为卖点,说服客户购买。

(2)商品的魅力:商品的魅力也是客户选择高价位商品的原因,客服人员可以从品牌的知名度、评价等方面介绍商品独有的魅力,以吸引客户购买。

(3)高档次:客户有时是因为要送礼才去购买商品的,这时客服人员重点宣传商品的高档次是让客户购买高价位商品的好方法。

(4)质量有保障:商品的价格越高,其质量可能就越有保障,让客户在购买与使用的过程中更加放心,更加安心是客服人员提高客单价的着手点之一。

(四)客服询单转化率分析

询单转化率是考核客服人员销售服务能力的重要指标,其值的高低直接影响着店铺对高质量流量的转化能力。询单转化率是指客户进入网店后,通过咨询客服人员完成的商品交易的情况,即咨询客服人员后下单成交的客户数与询问的总客户数的比例,具体公式:询单转化率=咨询后付款人数÷咨询总人数×100%。一般客服人员的询单转化率要达到60%左右才算合格,如果不合格,可能是因为客服人员的主动性差、对商品不熟悉或对催付话术与时间点掌握不当等原因造成的。这就需要客服人员加强服务意识,进行催付话术与注意事项的学习。客服人员可以从坚定客户的购买意愿,以及紧跟客户,使其完成付款两个方面着手。

1. 坚定客户的购买意愿

当客户主动向客服人员咨询时,说明客户已经产生了购买意愿,只要对客户进行正确的引导,成交的概率就会很大。那么如何才能将客户的购买意愿变为最终的成交订单呢?客服人员可以从坚定客户的购买意愿入手。所谓坚定客户的购买意愿,就是尽可能地化解客户提出的各种拒绝理由,不让客户产生拒绝购买的想法。

客户拒绝购买的理由通常有价格太贵、货比三家、担心等;客服人员可以从客户拒绝的理由着手,说服客户购买商品。

客服人员在工作过程中要善于体现自己的专业精神,在客户购买的过程中不断给他们心理暗示,坚定客户的购买欲望,提高询单转化率。

1)价格太贵

价格太贵是客户拒绝购买的理由中被运用次数最多的,也是较为敏感的拒绝理由。这时客服人员要仔细权衡,议价是一些客户的习惯性行为,这类客户可能购买意愿很强,但他们会故意说"太贵了,不买了"之类的话,目的是让客服人员主动降价,当然还有一类客户是确实觉得太贵了,如果能便宜点就下单付款了。

对于客户的议价心理,客服人员很难进行准确判断,在面对这些拒绝理由时,首先要了解与价格有关的一些情况:①网店的商品价格在整个行业处于什么水平？②网店的竞争对手定价在哪个区间？③商品的最低价是多少？④利润空间有多大？⑤商品对于客户而言是必需品吗？

弄清楚以上几个问题后,客服人员在面对因价格因素而拒绝购买的客户时,就可以利用商品的定价规则、价格的市场竞争力、定价面向的消费人群等知识来说服客户了。

2)货比三家

电商平台上的商品种类繁多,同类同款商品的数量很多。对于客户而言,可以对同类同款商品在价格、质量等方面进行比较,从而挑选出自己最满意的商品,对于客服人员而言,这将是更大的挑战。

网购使客户有了更多的选择,购物的自主性更强,但对于客服人员来说,好不容易迎来咨询的客户,却总以"我想看看其他家的商品"为借口拒绝购买,中途跑单,买了其他网店的商品,这无疑给客服人员的工作带来了极大的挑战。

客服人员把选择权留给客户,可以让客户感受到客服人员对他的尊重。因为客户在整个购物环节中不仅有购买商品的需求,还有对服务的体验。必要时客服人员还要与客户约定联系的时间,让客户有一种被重视的感觉。即便客户看了无数件同类商品,而且这些商品在价格上更优惠,但若服务能更让客户满意,那么客户最终也会在这家网店下单。

3)客户的担心

客户拒绝购买的另一个原因是客户的担心。客户的担心多集中在对商品质量不放心、对网购不信任、无法亲自检验商品等方面。客服人员在面对客户的担心时,首先要了解客户为什么不想买,找到原因后对症下药,消除客户的担心。

大多数网店为了规避"延迟发货"的投诉,将发货时间定为付款后 72 小时,或 24 小时之内,也有个别客服人员为了提高询单转化率,对客户作出"优先发货"的承诺。客服人员在作出承诺时一定要量力而行,要将发货时间拿捏得当。如果达不到客户的发货时间要求,客服人员不如提前如实告知客户,否则会导致询单转化率上不去、投诉和售后服务数量上升的不利局面。

2. 紧跟客户,使其完成付款

前面主要讲述了怎样鼓励客户下单,但最终成功付款才是订单有效的关键,所以客服人员要在客户下单后紧跟客户,使其完成付款。

很多客户在拍下商品后迟迟未付款,时间一长就忘了付款,或者购买欲望降低了,直接关闭订单,这是让客服人员最为头疼的事。因此在面对客户下单未付款的情况时,客服人员需要紧跟客户,督促提醒其完成付款。

(五)客服响应时间分析

每一个进店的客户的时间都是很宝贵的,特别是着急咨询的客户,更需要客服人员抓住机会,促成订单,这时客服人员的回复速度很重要,一旦回复速度过慢,客户就会流失。千牛回复率和响应时间,考核的是客服人员的工作态度及状态。千牛回复率即客服人员回复客户咨询人数的比例,如当日所有客户的咨询,客服人员都回应了,那么千牛回复率就是100%。

客服人员响应时间的长短是客服人员是否在线、是否以最佳状态迎接客户最有力的证据。通常把客服人员响应时间分为客服人员首次响应时间和客服人员平均响应时间。客服人员首次响应时间是指客服人员在接待过程中,从客户咨询到客服人员回复第一句的时间差,平均响应时间是指客服人员每次回复客户所用时间的平均值。

专家提示

一般来说,客服人员的首次响应时间应控制在20秒左右,平均响应时间应控制在50秒左右。响应时间越短,留住客户的概率就越大。响应时间过长的客服人员,需要学习回复技巧、提高打字速度、掌握快捷回复的使用,以及加强对网店信息等相关知识的学习。

（六）退款率分析

退款率是指网店在近30天成功退款笔数占近30天支付宝交易笔数的比例,其计算公式:退款率=近30天成功退款笔数÷近30天支付宝交易笔数×100%。客服人员的退款率就是经由客服人员服务成交后的退款订单数与客服人员总成交订单数的比例。图5-3为退款率分析。

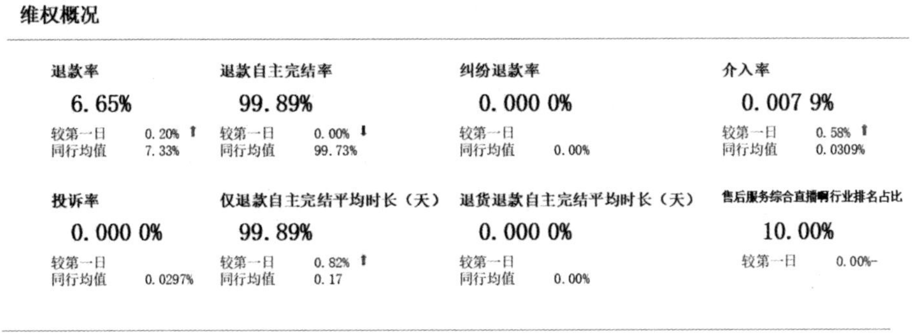

图 5-3　退款率分析

如果客户已经提交了退款申请,客服人员可以通过以下3个步骤来降低退款率。

1. 询问原因

客服人员一定要主动而耐心地询问客户想要退款的原因,分析客户所提出的问题是否能够解决。不能客户一提出退款要求,客服人员就立刻答应。客服人员可以多采用以下话术进行询问。

(1)您好,方便告诉我您想要退款的原因吗?
(2)我们没能为您创造完美的购物体验,真的非常抱歉,您可以告诉我们退款的原因吗?
(3)是我们的商品或服务让您失望了吗?

2. 尽量弥补

对于一些因为不满意商品质量而提出的退款要求,客服人员可以在核实后采取一些物质补偿。物质补偿的方式很多,主要有赠送小礼物或升级会员、享受专属特权等。

3. 总结经验

客服人员应每月按时整理出退货的订单及每单退货的真实原因,总结退货原因,找出问题,逐一解决,降低退款率。

二、客服数据监控渠道

客服数据能提供科学化的考核标准,直观体现出客服人员的问题所在。店家可以通过查看聊天记录、使用赤兔名品客服绩效软件等手段对客服数据进行监控。

(一)查看聊天记录

店家可以通过子账号功能查看客服人员与客户的聊天记录。子账号功能不仅能够对客服人员进行管理,还可以对聊天记录、服务评分、操作日志等进行实时监控。

(二)使用赤兔名品客服绩效软件

赤兔名品客服绩效软件是一款能够统计客服绩效并能进行客服管理的工具软件,是所有想提升客服绩效店家的必备工具之一。该软件可以通过查看询单客户明细,有针对性地对客户进行跟进,不断提高客服人员的工作积极性,从而提高业绩。

三、课中任务实施

(一)分析客户的客单价

掌握客服人员的客单价定义,并总结客服人员提高客单价的方法,通过具体的案例来加深对相关知识的理解。

1. 提高客单价的方法

(1)分析店铺每位客服人员的客单价。

(2)采用直接打折、买满包邮、买一送一等促销活动提高客单价,并向客户介绍这些促销活动。

(3)参加聚划算、天天特卖等限时抢购活动提高客单价,并将活动介绍给客户。

(4)采用关联销售,如互补型关联、同类型关联、价格型关联、数据型关联等方式提高客单价,并向客户进行推荐。

2. 实训练习

客服人员的工作情况是不同的,那么客服人员的工作情况要以怎样的方式进行检验呢？各类数据是最好的检验依据,它能提供科学化的考核指标,店家用数据来衡量客服人员的工作情况。其中,客单价是衡量客服人员工作能力高低的一项重要指标。

要监控客服人员日常客单价的变动,以便及时发现问题并进行调整。如果发现客单价有异常变动,就要排查客单价数据波动的原因。客单价与销售总金额和成交客户数有关。成交客户数与转化率和流量有关,而销售总金额跟商品均价和人均购买件数有关。所以想要提高客单价,要么适当推荐高价位的商品以提高商品均价,要么通过促销活动、限时限量抢购、合理搭配销售来增加人均购买件数。

如果你是一位服装网店的店主,应该使用什么样的途径提高客单价,请分别举例说明。

（二）客服数据监控

1. 查看聊天记录

店家可以通过子账号功能查看客服人员与客户的聊天记录。借助子账号功能,不仅能够对客服人员进行管理,还可以对聊天记录、服务评分、操作日志等进行实时监控。具体操作步骤如下。

(1)进入"千牛"→"卖家工作台"首页,单击左侧列表中的"店铺管理",在展开的列表中选择"子账号管理"选项,如图 5-4 所示。

图 5-4　选择"子账号管理"选项界面

(2)打开"子账号"页面,单击"聊天记录"按钮,如图 5-5 所示。

(3)在打开的页面里,在"员工账号"文本框中输入要监控的员工账号,然后单击"搜索"按钮,如图 5-6 所示。

图 5-5 单击"聊天记录"按钮界面

图 5-6 输入要监控的"员工账号"界面

（4）在"聊天记录详情"页面中会显示客服人员与客户的聊天详情，如图 5-7 所示。通过查看客服人员的聊天记录，客服人员主管或店长可以了解客服人员在工作中的不足之处，然后有针对性地进行改进。

2. 使用赤兔名品客服绩效软件监控

下面简单介绍赤兔名品客服绩效软件的使用方法，具体操作步骤如下。

（1）登录赤兔名品软件，通过单击顶部导航栏中的"客服绩效"，在左侧"综合分析"下选择"汇总"选项，可以查看"销售额"和"个人销售额占比"，如图 5-8 所示。客服个人销售额是店家最关注的客服业绩指标之一，它综合反映了客服人员的业绩。客服个人销售额占比则反映了客服人员个人对客服团队的贡献大小。

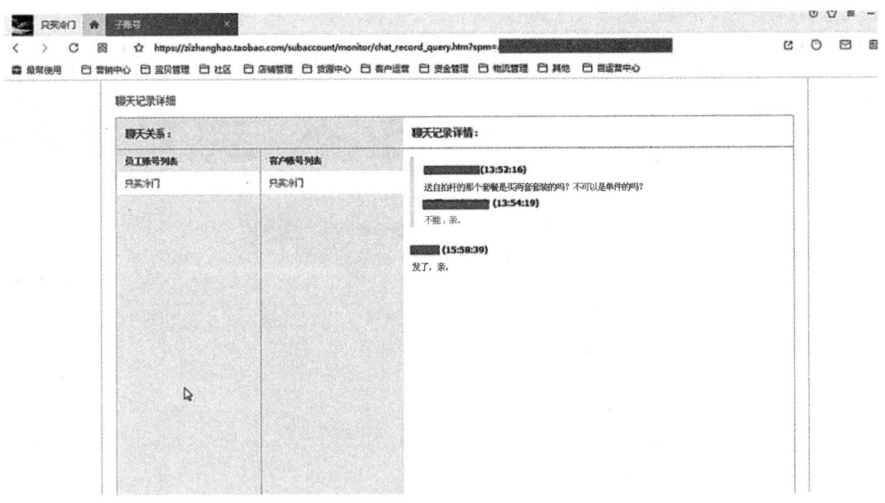

图 5-7 "聊天记录详情"界面

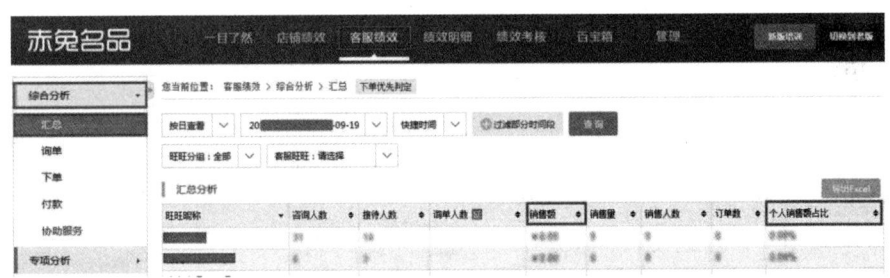

图 5-8 查看"销售额"和"个人销售额占比"界面

(2)成功率是考核客服人员销售服务能力的重要指标,成功率的高低直接影响店铺对高质量流量的转化能力。通过单击顶部导航栏中的"店铺绩效",在左侧"专项分析"下选择"成功率分析"选项,单击"旺旺成功率"可以查看到客服人员近期的成功率,如图5-9所示。

图 5-9 "成功率分析"界面

(3)通过单击顶部导航栏中的"店铺绩效",在左侧"专项分析"下选择"客单价分析"选项,可以查看"客单价""客件数""件均价"等数据,如图5-10所示。

图5-10 "客单价分析"界面

(4)通过单击顶部导航栏中的"客服绩效",在左侧"专项分析"下选择"分时接待分析"选项,可以查看客服人员的工作量,如图5-11所示。

图5-11 "分时接待分析"界面

(5)通过单击顶部导航栏中的"客服绩效",在左侧"专项分析"下选择"商品推荐分析"选项,可以查看到全店商品汇总、单个商品的销售数据情况,如图5-12所示。

图 5-12 "商品销售分析"界面

巩固练习

一、单选题

1. ( )是一种数据造假的行为,由于评价不是来自真正的客户,因此会失去它的客观性。

   A. 评价

   B. 咨询

   C. 反馈

   D. 刷单

2. 哪些数据指标不可以挖掘出客户需求?( )

   A. 年龄挖掘

   B. 能力挖掘

   C. 职业挖掘

   D. 生活挖掘

3. 以下( )不是客服接待数据分析的主要指标。

   A. 咨询人数

   B. 接待人数

   C. 支付买家数

   D. 流量总人数

4. 下列( )不是提高客单价的方法。

   A. 关联销售

   B. 促销活动

   C. 自主购物

   D. 推荐高价位商品

二、多选题

1. 客服接待数据分析,主要是指对( )进行分析。

   A. 咨询人数

   B. 接待人数

   C. 支付买家数

   D. 销售额

2. 客服销售分析主要是指对( )等销售指标进行分析。

   A. 销售额

   B. 销售量

   C. 销售人数

D. 订单数

三、简答题

1. 说说什么是客单价,以及它具有哪些作用。
2. 客服人员可以通过哪些途径降低退款率?

四、实践题

某中型电子商务企业为了更好地满足客户需求,决定对其客服中心进行优化。客服中心每天需处理约 1 万个客户电话,这些电话主要集中在早上 9 点到下午 4 点之间,中午 12 点是高峰时段。每个电话的平均时长为 5 分钟,且假设每个客服人员的效率相同。

请回答:

1. 假设客服中心需要 24 小时在线服务,且客服人员没有休息时间,为了确保客户无须等待即可联络到客服人员(零等待时间),该中型电子商务企业最少需要多少名客服人员?

2. 在实际情况下,如果该中型电子商务企业希望将客户的最大等待时间控制在 30 分钟以内,那么最少需要多少名客服人员?

任务实施评价

★ **学生自评表**

序号	技能点自评	评价标准	达到	未达到
1	客服数据指标评价	客服数据主要内容		
2	网店客单价	掌握提高客单价的方法、技能		
3	询单转化率	掌握询单转化率的方法、技能		
4	客服响应时长	在规定时间内响应		
5	退款率	掌握降低退款率的方法、技能		
序号	素质点自评	评价标准	达到	未达到
1	增强团队精神	能够在任务实训中与团队成员良好协作,共同完成任务		
2	树立"总结—反思—提升"意识	树立勤于思考、善于总结、沟通协作的客服职业素质		
3	树立实事求是的职业道德	在跟客户沟通过程中做到实事求是		
4	树立服务意识	树立"不厌其烦、精益求精"的服务意识		
5	培养服务精神	培养"以客户为中心"的服务精神		

★ **教师评价表**

序号	技能点评价	评价标准	达到	未达到
1	客服数据指标	分清客服数据的主要种类		
2	客单价	实施提高客单价的能力		
3	询单转化率	提高询单转化率的能力		
4	客服响应时长	客服响应时长是否达标		
序号	素质点评价	评价标准	达到	未达到
1	增强团队精神	能够在任务实训中与团队成员良好协作,共同完成任务		
2	树立"总结—反思—提升"意识	树立勤于思考、善于总结、沟通协作的客服职业素质		
3	树立实事求是的职业道德	在跟客户沟通过程中做到实事求是		
4	树立服务意识	树立"不厌其烦、精益求精"的服务意识		
5	培养服务精神	培养"以客户为中心"的服务精神		

第六章　客户关系管理

> **学习目标**
> 知识：掌握客户关系管理的概念和核心；
> 　　　掌握电子商务环境下客户关系管理的特征；
> 　　　掌握电子商务客户信息管理；
> 　　　掌握电子商务客户忠诚度管理。
> 技能：熟练使用常见的客户管理工具。
> 素质：树立"不厌其烦、精益求精"的服务意识；
> 　　　培养"以客户为中心"的服务精神。

一、客户关系管理基础认知

(一)客户关系管理的概念

客户关系管理(customer relationship management,CRM)是指企业确立一种以客户为中心的经营理念,采用数据库和其他信息技术来获取客户数据,以此来判断、分析、选择、争取、发展、保持和管理客户关系,提升客户满意度,培养客户长期的忠诚度,以实现客户价值最大化和企业收益最大化之间的平衡。

企业通过搜索、整理和挖掘客户资料,建立和维护与客户之间的"一对一"关系,使企业在提供个性化的产品、更快捷周到的服务和提高客户满意度的同时,吸引和保持更多高质量的客户,并通过信息共享和优化商业流程,有效地降低企业的经营成本,从而提高企业的效益。

电子商务环境下的客户关系管理是指企业借助网络环境下信息获取和交流的便利,充分利用数据仓库和数据挖掘等先进的智能化信息处理技术,把大量客户资料加工成信息和知识,用来辅助企业经营决策,以提高客户满意度、增强企业竞争力的一种过程或系统解决方案。

(二)客户关系管理的核心

客户关系管理实质上是一种关系营销。一般来说,企业的经营目的分为短期效益(扩大销售量)和长期的可持续发展(建立和维持品牌知名度)两方面。面对这两个非常关键的经营问题,以往的营销理论很难同时兼顾,这也导致大多数中小企业在面临生存问题时放弃已有的战略规划,而大企业为了长久的布局也不得不在一段时间内用牺牲效益来换取发展。

在这种两难的处境下,关系营销成为越来越受到人们关注的整合营销方式,其内容就是把企业营销活动看成是企业与消费者发生互动作用的过程,其核心是建立和发展与消费者的良好关系。与只关注一次性交易、不注重客户服务、只关注当前销售数据的交易营销模式相比,关系营销更注重保留客户,并与客户建立长期稳定的关系,使客户成为企业稳定发展的消费群体,在完成企业短期效益的同时,积累企业的长期客户群体,并通过一定的营销手段扩大用户群体的消费频率,这样既可以满足短期效益需求,也可以兼顾企业的长期品牌战略布局。关系营销与交易营销的区别详见表 6-1。

表 6-1 关系营销与交易营销的区别

关系营销	交易营销
重视客户	注重一次性交易
高度重视客户利益	以产品功能为核心
着眼于长期关系	着眼于当前销售
强调客户服务	不太重视客户服务
很多的客户承诺	有限的客户承诺

(三)电子商务环境下客户心理特征

在电子商务活动中,客户在商品服务渠道和沟通等方面选择的余地比较大,转移成本低。在店家的价值链中,客户已经成为关键的组成部分。在整个商务活动中,客户同时扮演着个人购买者和社会客户的角色,引导着社会消费的方向。因此,电子商务中客户的消费行为是一种同时体现个人消费和社会消费的行为。具体来说,电子商务中客户的消费行为具有以下特征。

1. 在消费中更具主动性

在电子商务中,客户能够借助互联网了解更多关于商品的信息,包括生产商品使用的技术信息和生产企业信息等。由于这些信息是客户主动获取的,所以客户会认为它们是值得相信的,有了这些可信度较高的信息的指导,客户在购买活动中的选择能力就会得到提升,在选择店家和商品时就会更具主动性和积极性。

2. 在消费中追求购物的便利和乐趣

一些工作压力较大、追求效率的客户,为了节省时间和精力,在购物过程中更加看重便利性。由于劳动生产率的提高,人们可支配的自由时间增加,一些家庭主妇或自由职业者喜欢通过购物来消遣,与外界产生沟通,以减少心理上的孤独感,找到生活的乐趣。因此,他们愿意在购物中花费时间和精力,以满足自己的心理需求。在未来较长的一段时间里,这两种完全相反的心理将长期并存。

3. 在消费中更加追求个性化

借助互联网,追求个性化消费的客户可以享受定制化的商品服务,他们可以直接向商品供应商表达自己的个性化需求,参与产品的设计及生产过程。

从客户的消费心理上来看,客户在购买商品时追求的不仅是商品的使用价值,还包含商品的品种、外观造型、规格、包装等"延伸物",这些"延伸物"及其组合各不相同。因此,从理论上来说,每一个客户的消费心理都是不同的,可以说每一个客户都是一个细分的消费市场。心理上的认同感是客户作出购买决策的先决条件,个性化消费将成为消费的主流。

4. 消费行为更理性

以互联网为依托,客户在电子商务中拥有更加广泛的选择,客户的消费行为也更加理性和成熟。这主要表现在两个方面,一方面是客户能够充分利用各种定量分析模型作出更加理智的购买决策和价格选择,另一方面是客户会根据自己的需求主动在网络上寻找合适的商品或服务。如果客户自己无法找到,可以通过互联网向店家或厂家直接表达自己对某种商品或服务的需求,由此直接影响甚至参与相关的经营活动。

5. 忠诚度较低

在电子商务中,客户在选择商品时更加现实,如更加关注商品的效用价值,更加追求新时尚、新商品。同时,互联网的使用成本较低,客户的转换成本也就会比较低,进而导致客户的忠诚度降低。

(四)电子商务环境下客户关系管理的特征

在传统环境中,由于企业内部各部门业务运作的独立性,客户信息的收集比较分散,信息共享度较低,所以客户关系管理的成效不明显。电子商务环境下的客户关系管理,有效地实现了客户信息收集、分析、开发和利用的整合,它具有以下新特点。

1. 信息的共享性

客户关系管理系统(customer relationship management system,CRMS)将企业内部原来分散的各种客户信息进行格式的规范处理,形成正确、完整、统一的客户信息为各部门所共享,确保客户与企业任一个部门打交道时都能得到一致的信息。

2. 客户规模巨大

线上店铺所面对的客户规模非常大,以淘宝店铺来说,一个皇冠级的店铺可能有上万名客户,而一个大的金冠店铺往往拥有几百万名客户。面对这样规模庞大的客户群,类似于线下 VIP 的识别模式根本无法满足店铺的管理需求。因此,运营者需要具有良好的数据敏感性和分析能力,能够从海量的客户信息和交易行为中发现客户与品牌之间的关系,从而更好地进行品牌营销,增强品牌与客户之间的联系。

3. 服务的针对性

客户与企业交往的各种信息都存储在企业的数据库中,利用客户关系管理系统的客户数据挖掘与智能分析了解客户需求,准确判断客户的需求特性,可以最大限度地满足客户个性化的需求,有的放矢地开展客户服务,提高客户的满意度与忠诚度。

4. 服务的及时性

电子商务的基础是计算机与信息网络技术,其最大特点就是高速,可以进行实时信息传递。因此,在电子商务环境下,当客户有相关服务要求或信息反馈产生时,如在网上进行产品相关信息咨询或订单提交以及问题反映时,企业就可以及时地进行答复和处理。

5. 交流方式的多样性

客户既可选择电子邮件、电话、传真等方式与企业联系,又可选择 QQ、微信、旺旺等在线聊天工具与企业联系,还可通过企业网站专门设置的 FAQ 与企业联系。无论采取哪种方式,客户都能得到一致的答复,因为企业内部的信息处理是高度集成的。

（五）客户关系维护技巧

1. 物质维护法

物质维护是客户关系维护中最常见的，"吃人的嘴软，拿人的手短"，这就是物质维护的核心体现。所以我们会看到很多销售人员经常给客户送礼物，通过这样的形式维护客户的关系，最终实现业务增长的目的。网店客服人员可在店铺促销活动前，提前向客户发放优惠券，以增加客户的复购率。

2. 精神维护法

客户关系维护中精神维护是必不可少的，这也是能与客户走得更远的一种维护形式。通过精神维护，向客户提供多样的关怀形式，例如当客户下单后及时通过短信告知其所购商品的物流信息，给予售后关怀；当客户生日时，给客户发送生日祝福；节日来临前，通过短信或者阿里旺旺等方式对客户进行关怀，并适当推送促销信息。客户不仅买到了心仪的商品，还买到了满意的服务，从而愿意继续在网店购物。

3. 价值维护法

所谓价值维护法是你在日常生活中能给客户带来什么样的价值，如专项折扣、一对一服务等，让客户有特别的体验。例如根据客户消费金额对客户进行分级，普通客户享受 9 折优惠，而星级客户则可以享受 7 折优惠，通过专享折扣在一定程度上留住客户。

思政园地

"故不积跬步，无以至千里；不积小流，无以成江海。"《荀子·劝学》

"合抱之木，生于毫末；九层之台，起于累土；千里之行，始于足下。"《老子》

客服工作是一项日常、精细、长期的工作，贵在从点滴做起，常抓不懈，久久为功。企业应该树立全员客服、全岗位客服、全过程客服的服务理念，引导每位员工自觉实现其职业追求和价值目标，并落实到每项具体工作中去，持续提升客户服务水平，持续增进客户满意度。

二、客户信息管理

客户信息管理是客户关系管理的重要组成部分，企业需要充分了解客户的信息，才能以正确的方式为正确的客户，在正确的时间提供正确的服务，最后满足客户的个性化需求，提高客户满意度和忠诚度，从而给企业带来长期经济效益。特别是在电子商务环境下，由于客户选择范围的增加，企业面临着忠诚客户比例逐渐降低的问题，因此，有效地进行电子商务环境下的客户信息管理，是企业保持稳定客户的基础。客户信息管理主要包括以下 5 个方面：收集客户信息、建立客户信息资料库、整理客户信息、分析客户信息和客户信息安全管理(图6-1)。

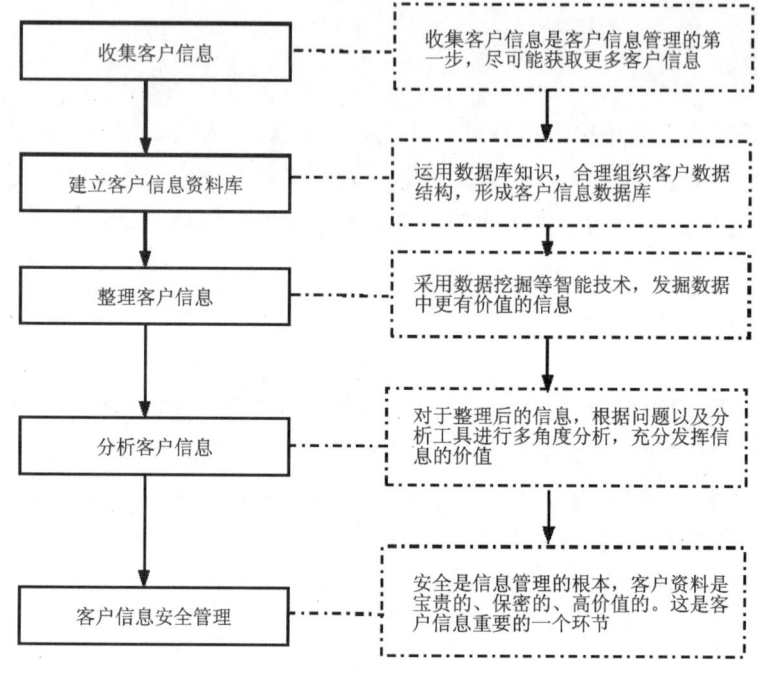

图 6-1 客户信息管理

(一)客户资料分类

企业进行客户关系管理的第一步就是对客户信息进行收集和管理。对客服而言,客户的资料是非常宝贵的财富,一旦掌握了客户的信息,也就找到了销售的渠道,客户资料越多,客服可销售的渠道越多。

按照客户资料的不同维度可以将客户资料分为3个等级,包括客户的基本信息、客户的态度信息和客户的行为信息。客户的基本信息包括客户自身基本信息、家庭信息和事业信息,它们在一定程度上都会对客户的购买习惯和购买方式产生影响。客户的态度信息主要包括客户的个性信息、生活情况、受教育情况和消费理念等,这些信息对客户的购买偏好和购买习惯会产生直接影响。客户的行为信息包括购买动机、购买种类和购买途径,这些信息能够帮助企业了解客户的需求,是店家对客户进行再次营销的切入点(表6-2)。

表 6-2 客户信息

信息类型		具体内容	信息的价值
基本信息	客户自身基本信息	姓名、性别、年龄、住址、邮箱等	影响消费需求和消费偏好
	客户家庭信息	婚姻情况、子女情况、是否与子女同住等	影响购买习惯
	客户事业信息	就业情况、收入、个人规划等	影响购买习惯和购买方式

续表 6-2

信息类型		具体内容	信息的价值
态度信息	客户的个性信息	客户独特的心理特征,主要是性格特征,如内向、外向、自信等	影响购买决策、购买速度
	客户的生活情况	生活习惯、健康状况、饮食习惯、生活态度等	影响购买目标
	客户的受教育情况	受教育程度、所学专业、参加社团和社会实践等	影响购买习惯和购买偏好
	客户的消费理念	是否看中商品性价比、追求个性、注重品牌等	决定对商品的选择
行为信息	客户的购买动机	关注的是什么,需求是什么	决定营销的切入点
	客户的购买种类	购买商品的类型是什么	有助于了解需求
	客户的购买途径	付款方式、收货方式等	了解购买偏好

(二)客户资料利用

1. 实现客户的分类管理

通过对客户资料的统计分析,可以从中找到有许多个方面相同或相似的客户群体,按照客户价值分类,找到最有价值的客户(即关键客户)才是网店最重要的工作,而 ABC 客户分类法就是一种比较实用的方法。ABC 客户分类法以消费额或利润贡献等重要指标为基准,把客户群分为关键客户(A 类客户)、主要客户(B 类客户)、普通客户(C 类客户)3 个类别。

在清楚地了解了客户层级的分布之后,即可依据客户价值来策划配套的客户关怀项目,针对不同客户群的需求特征、消费行为、期望值、信誉度等制订不同的营销策略,依据客户的浏览习惯和购买习惯制订不同的营销推广方案,每一客户端及时推送与之相匹配的商品界面,同时客服人员针对不同类型的客户采取不同的维护措施,提供更具有针对性的服务。客服人员针对不同类别的客户采取不同程度的维护,使维护工作更具针对性。

(1)对关键客户(A 类客户)的管理。关键客户是金字塔中最上层的金牌客户,是在过去特定时间内消费额排在前 5% 的客户。这些客户对网店的贡献度最高,通常占客户总数的 20%,但贡献了 80% 的利润。这类客户是店铺的优质核心客户群,由于他们购买力度大并反复购买,他们对产品和服务非常满意,是网店的重点维护对象,对店铺的贡献最大能给店铺带来长期稳定的收入,值得花费大量时间和精力来提高该类客户的满意度。

对这类客户的管理应做到:提供最优质的服务,例如指定 VIP 一对一客服服务、享受专项折扣,并优先处理这类客户的售后问题,密切关注这类客户的消费动向,用心维护好这类客户,倾注更多的私人情感。

(2)对主要客户(B类客户)的管理。这类客户是指客户金字塔中在过去特定时间内消费额排在前20%的客户。这类客户对网店的贡献度次之,通常占客户总数的30%,贡献了15%的利润。他们对产品和服务较为满意,但有一些异议,购买决策较为谨慎。由于他们对店铺指标将构成直接影响,因此店铺应倾注相当的时间和精力关注这类客户的状况,并有针对性地提供服务。

对这类客户的管理应注意以下几点:①通过微信、阿里旺旺、QQ等构建客户群,在群里定期分享网店的上新活动、优惠活动等,鼓励客户分享商品使用心得,收集客户的反馈信息,通过友好的交流建立客户对网店的信任,有效促进商品销售。②当该类客户数量和质量降到某一特定水平时,应自动增补并加以培育。

(3)普通客户(C类客户)的管理。普通客户是指除了上述两种客户外的客户。这类客户占客户总数的50%,但只贡献了5%的利润。他们对产品和服务的满意度较低,购买频率和金额也较低。由于他们数量众多,具有"点滴汇集成大海"的增长潜力,网店应控制在这方面的服务投入,按照"方便、及时"的原则,为他们提供大众化的基础性服务,或将精力重点放在发掘有潜力的"明日之星"上,使其早日升为B类客户甚至A类客户。客服人员应保持与这些客户的联系,并让他们知道当他们需要帮助的时候,客服总会伸出援助之手。

2. 客户资料的其他应用

要想在商战中出奇制胜,为网店带来辉煌业绩,必须从分析客户的日常行为、心理特征着手,充分发掘客户信息,并采取各种途径来拉近彼此的关系。高效利用客户信息的具体做法如下。

(1)打标签。客服人员可以客户的特征、喜好等信息为客户打上标签,将同类客户放在一起。客服人员可以通过标签对客户进行精准营销,提供个性化服务,从而提高工作效率。

(2)锁定目标。详细分析客户资料之后,就可以在很多情况下有针对性地使用,如在网店有过一次购买经历,但是由于某种原因不再愿意光顾的客户,可以通过发送优惠券、提醒上新等方式制造机会,唤起客户对网店的记忆,争取再次赢得客户的信任并促其购买。

(三)客户信息收集技巧

只有掌握客户的信息才能对客户进行有效而准确的分类,提供有针对性的服务。客服人员可以尽量与客户多沟通,了解客户的喜好、性格、购物需求等,要留心观察,通过各种合适的途径掌握客户的有关信息。

(1)记录客户的个人资料。当客户在电商平台上创建账户或登录时,可以收集他们的用户名、密码、手机号码、电子邮件地址等基本信息;在客户下单购买商品时,可以收集他们的收货地址、联系人姓名、联系方式等信息;通过分析客户在店铺中的浏览历史、点击行为、购买记录等行为数据,可以获得关于客户偏好、购买习惯等方面的信息。

(2)主动询问客户,挖掘信息。通过在线聊天、评论、留言等互动方式,可以收集客户的意见反馈、产品评价和购买需求等信息。

(3)借助CRM系统。网店可以选择用辅助工具和系统,如CRM系统,对客户进行全方位管理,满足客户不断变化的需求,给客户更好的服务体验。通过 CRM 系统,网店不仅能为客户提供快捷方便的服务,还能吸引并留住更多的客户。

(4)留意客户最新情况信息。在客户购买商品的时候,要对客户进行有意识的观察,包括购买的时间、购买次数等。客户走后,要对这些信息进行分析,掌握客户的购买喜好、消费额等带有规律性的情况以及最近的变化。

(5)让客户主动留下信息。设计一些有关客户个人资料的卡片,在客户愿意的前提下,让客户填写。对客户要说清楚,填写卡片的目的是更好地为他开展个性化服务,争取客户的理解和支持。

(6)保障客户信息安全。在收集和使用客户信息时,必须遵守相关法律法规,如个人信息保护法。应明确告知客户信息的收集目的,并经过客户同意。当使用客户数据进行分析和洞察时,应采取措施对数据进行不透明化和匿名化处理,以保护客户隐私。

三、客户忠诚度管理

在市场竞争日益激烈的环境下,企业在营销活动中的关注点已经从产品转向了企业的核心资源——客户。客户关系管理的理念已经深入企业的管理运营中,维护良好的客户关系,尽可能地保留老客户、充分挖掘客户的价值成为企业客户关系管理的重要内容。客户忠诚度的管理作为保留现有客户并充分挖掘其价值不可或缺的手段并已经被广泛地运用到各行各业中。

(一)客户忠诚度的概念

关于客户忠诚度,目前没有一个统一的定义。一般认为,客户忠诚度是指客户忠诚的程度,是一个量化的概念。它是指由于质量、价格、服务等诸多因素的影响,客户对某一企业的产品或服务产生感情,形成偏爱并长期重复购买该企业产品或服务的程度。客户的高忠诚度是企业维持长远发展的重要因素之一,如果客户忠诚度低就会导致企业的订单流失,所以企业必须提高客户的忠诚度,才能保证企业的可持续发展。

(二)客户忠诚的特征

众多学者的研究表明,客户忠诚是一个复杂的概念。通常情况下,客户忠诚的特征可以表现为以下几个方面。

1. 持续、重复地购买

忠诚客户首先在行为上会表现为持续性重复购买,这是一种行为上的忠诚。客户已经形成了一定的购买惯性,当客户有需求时,会重复选择相应品牌的商品。

2. 同时购买多个产品或服务

忠诚客户在使用商品持续获得满意之后会形成对品牌的偏爱,因为喜欢和认同而购买,因此当品牌推出多个产品或服务时,就会得到忠诚客户的支持,自愿购买该品牌下的多个产品或服务。

3. 乐于向他人推荐传播

忠诚客户会乐于向其他人推荐该品牌的商品或服务，这就是口碑营销，是建立在客户对品牌认可的基础上的一种情感上的忠诚。

4. 对于竞争对手的诱惑有免疫力

例如目前经常打的"价格战"，对于品牌忠诚客户的诱惑并不大，如果某用户是A品牌的忠诚客户，他不会因为B品牌的优惠力度大而选择购买B品牌的产品，这就是客户忠诚的表现。

5. 与企业有着良好的情感

忠诚客户对企业有一定的信任度，愿意购买企业新的产品，企业偶然出现的一点失误也能够容忍。

（三）客户忠诚的影响因素

网络客户忠诚是由诸多因素共同影响、共同作用形成的，很多学者对此做了深入研究。综合现有研究成果，从影响忠诚度的作用力来源角度来看，其影响因素大体可以分为两类：内在影响因素和外在影响因素。

1. 内在影响因素

1）客户满意度

根据研究，客户满意度与忠诚度是正相关的，客户满意度越高，客户的购买次数也会越多，对企业及其品牌也就越忠诚。客户对消费的产品和服务满意是客户保持绝对忠诚的必要条件。但值得注意的是，客户满意不必然导致客户忠诚，满意不是忠诚的充分条件，可以说客户满意度是一种态度，而客户忠诚度是一种行为。

当客户购买产品或接受服务时，如果感知结果与期望相符，一般会出现两种状态：一种是客户因实际情况与心理期望值基本相符，而表示"比较满意"；另一种是客户会因对整个购买决策过程没有留下特别印象，而表示"一般"，处于这种感受状态的客户很有可能重复同样的购买经历，也有可能选择竞争对手的产品或服务。如果感知结果超过期望，那么意味着客户获得了超过期望的满足感受，客户会十分满意或愉悦。显然，感知超过期望越多，客户的满意程度就越高，而当感知远远超过期望时，满意就演变成忠诚。

2）客户价值

追求利益是客户的基本价值取向。调查结果表明，客户与企业建立长久关系的主要原因在于希望从忠诚中得到优惠和特殊的关注。如果企业能够满足客户的这种需求，则更容易刺激客户与其建立长久的关系。由此可见，客户忠诚的动力在于能否从忠诚中获利。

3）客户信任

客户信任是指客户对企业履行交易承诺的一种感觉和信心。如果客户没有对企业产生一定程度的信任，客户关系就不可能保持长久，客户信任是在客户满意的基础上长久维持客户关系的关键因素。在网络购物中,客户的购买存在一定的风险,客户为了避免这种风险,往往会更倾向于与自己信任的企业保持长久的关系,因此信任是构成客户忠诚的核心要素。

在网店商品或服务质量问题导致购物体验比较差的情况下,客户信任对于维持好的客户关系产生积极作用,从而缓冲客户满意度波动的影响。要成功地建立高水平的长期客户关系必须把焦点放在客户信任而不只是客户满意上。

2. 外在影响因素

当客户由一个企业转向其他企业,必须付出一定的代价,其代价的总和称为转换成本,其主要分为几种类型的成本:时间和精力上的转换成本,比如客户一直对一家店铺的衣服比较满意,如果要转向其他店铺,客户需要重新花费时间进行筛选,进行对比,最终确定购买,会有一定的时间和精力消耗,同时还要承担不满意和退换货的风险;经济上的转换成本,主要涉及原有企业给予一定的优惠的损失。提高客户的转换成本是留住客户、提升客户忠诚的有效途径。一般来讲,店家构建转换壁垒,使客户在更换品牌和供应商时感到转换成本太高,或客户原来所获得的利益会因为转换品牌而遭受损失,这样可以加强客户的忠诚。

(四)实现客户忠诚的策略

从以上影响客户忠诚的因素分析中可以看出,企业需要通过建立激励忠诚和约束流失的机制,来实现客户的忠诚。具体做法如下。

1. 提升客户满意度

企业要实现客户的忠诚,首先要努力提升客户的满意度,但是满意的客户不一定忠诚,因为也许竞争对手更令客户满意。

2. 建立客户信任

通过加强和客户的沟通联系,做好售后服务和各项保障措施,增强客户对企业的感情和信任感。

3. 加强与客户的结构性关系

通过在社交媒体互动,比如微信群,让客户和网店形成紧密合作的关系,有的网店在其粉丝群中让客户投票选择其喜欢的新品,根据投票情况决定是否生产某款商品。通过让客户参与商品的生产和品牌的运营过程,使其对网店、品牌产生参与感、认同感、归属感,最终成为网店的忠诚客户。

4. 奖励忠诚,提高转换成本

这是限制客户流失的机制,即奖励忠诚的客户,提高客户转移的成本。

这些策略的实现可以归为忠诚计划,通常情况下的模式主要为会员卡制积分奖励、客户俱乐部等。忠诚计划的基础是客户的累计购买,通过对客户累计购买的回报来加强客户对企业品牌的感情。

四、课中任务实施

（一）网店会员管理

会员是网店重要的无形资产，对网店会员进行筛选和管理是客服的重要职责之一。客服人员可以通过淘宝网提供的"客户运营"平台工具对网店会员进行合理且有效的管理。

（1）登录千牛工作台后，在页面搜索栏输入"客户"，然后在打开的搜索列表中选择"客户运营"选项，如图 6-2 所示。

图 6-2　选择"客户运营"选项页面

（2）进入"客户运营"平台页面，在左侧列表"客户管理"中的"客户列表"选项，查看客户信息，如图 6-3、图 6-4 所示。

图 6-3　成交客户信息页面

图 6-4　未成交客户信息页面

(3)针对客户情况,对客户进行分群,如图 6-5 所示。

图 6-5　客户分群管理页面

(二)客户忠诚度管理

随着流量红利时代过去,品牌运营核心已从流量运营转变为用户运营。

(1)登录千牛工作台→私域工作台→会员运营,开通会员运营,如图 6-6 所示。

(2)根据店家业务策略进行会员等级分层规则设置,根据会员消费行为(消费金额、消费次数)划分等级,不同等级配合差异化权益,可激励会员向更高等级晋升,如图 6-7、图 6-8 所示。

(3)登录千牛工作台,点击"会员管理"→"忠诚度管理",设置会员积分,编辑会员积分规则,强化会员权益,如图 6-9、图 6-10 所示。

图 6-6 开通会员运营页面

图 6-7 设置普通会员页面　　　　　　　图 6-8 设置白银会员页面

图 6-9 设置会员积分页面

图 6-10　会员积分发放规则页面

(4)登录千牛工作台→会员运营→会员权益工具去创建活动,根据店铺运营规则,设置会员运营策略。会员权益设置如图 6-11 所示。

图 6-11　会员权益设置页面

巩固练习

一、选择题

1. 维护客户关系的重要性不包括（　　）。

   A. 有利于发展新客户

   B. 增加店铺的竞争优势

   C. 增加成本

   D. 获取更多的客户份额

2. 在客户关系管理里，对于客户价值的分析与评价，常用所谓的"二八原理"，这个原理指的是什么？（　　）

   A. VIP客户与普通客户通常呈20∶80的比例分布

   B. 企业的内部客户与外部客户的分布比例为20∶80

   C. 企业利润的80％是来自80％的客户

   D. 企业利润的80％或更高来自20％的客户

3. （　　）主要是针对购买过网店中某些复购率较高商品的客户，在商品复购周期内，通过消息盒子等方式对客户推送商品复购提醒信息。

   A. 智能复购提醒

   B. 短信触达

   C. 促销推送

   D. 售后关怀

4. 一般店铺对老客户的定义是什么？（　　）

   A. 购置1次以上的客户

   B. 购置2次以上的客户

   C. 购置3次以上的客户

   D. 购置4次以上的客户

二、多选题

1. 以下哪些因素会影响客户对店铺的忠诚度？（　　）

   A. 经常向其他人推荐

   B. 愿意购买网店的多种产品和服务

   C. 投诉处理效率

   D. 产品的价格

2. 客户关系管理的目标有（　　）。

   A. 认识新客户

   B. 更好地认识和发现实际的或潜在的客户

C. 挖掘、获得、发展和避免流失有价值的现有客户

D. 避免或及时处理"恶意"客户

三、简答题

1. 简述电子商务环境下的客户心理特征。
2. 阐述网店客服人员如何提升客户忠诚度。

四、实践题

1. 如果你是一名客服人员,在购物平台中查找店铺打折活动,应查找哪些信息?
2. 中秋节临近,某品牌网店想要为网店客户送上节日关怀,请尝试撰写一篇简短的节日祝福文案。

任务实施评价

★学生自评表

序号	技能点自评	评价标准	达到	未达到
1	客户关系管理	认识客户关系管理的概念、特征价值		
2	电子商务客户心理特征	能够分析客户的心理特征		
3	电子商务客户信息管理	掌握客户信息管理的方法、技能		
4	电子商务客户忠诚度管理	掌握实现客户忠诚度的策略、技能		
5	网店会员管理	能够使用千牛工作台的会员管理相关设置		
序号	素质点自评	评价标准	达到	未达到
1	增强团队精神	能够在任务实训中与团队成员良好协作,共同完成任务		
2	树立"总结—反思—提升"意识	树立勤于思考、善于总结、沟通协作的客服职业素质		
3	树立实事求是的职业道德	在跟客户沟通过程中做到实事求是		
4	树立服务意识	树立"不厌其烦、精益求精"的服务意识		
5	培养服务精神	培养"以客户为中心"的服务精神		

★教师评价表

序号	技能点自评	评价标准	达到	未达到
1	客户关系管理	能够认识客户关系管理的概念、核心		
2	电子商务客户心理特征	能够理清客户属于哪种心理特征		
3	电子商务客户信息管理	掌握客户信息管理的方法、技能		
4	电子商务客户忠诚度管理	掌握实现客户忠诚度的策略、技能		
5	网店会员管理	对千牛会员设置相关界面的操作		
序号	素质点自评	评价标准	达到	未达到
1	增强团队精神	能够在任务实训中与团队成员良好协作,共同完成任务		
2	树立"总结—反思—提升"意识	树立勤于思考、善于总结、沟通协作的客服职业素质		
3	树立实事求是的职业道德	在跟客户沟通过程中做到实事求是		
4	树立服务意识	树立"不厌其烦、精益求精"的服务意识		
5	培养服务精神	培养"以客户为中心"的服务精神		

第七章　客服团队的建立

学习目标

知识：熟悉客服人员的招聘流程；
　　　了解客服团队的搭建；
　　　掌握客服的激励机制和考核机制；
　　　理解客服团队的管理。
技能：熟练掌握阿里店小蜜的使用方法。
素质：树立"不厌其烦、精益求精"的服务意识；
　　　培养良好的团队精神和协作意识。

对于店家而言,除了要让网店拥有稳定的客户群,还需要多花些心思来管理客服人员,如通过多方面的激励、培训、考核等机制来提升网店客服人员的服务技能,这样才能真正把网店的生意越做越好。一个高效、专业的客服团队,不仅能提升客户满意度,还能在塑造品牌形象、促进销售转化、培养客户忠诚度等多个方面发挥关键作用。由此可见,客服管理工作是非常重要的,如果网店能够搭建一支科学的客服团队,这将为网店的快速发展提供强有力的保障。此外,对于网店客服人员要实施收入和能力相匹配的工资制度,要建立完善的客服激励机制、制定公平的客服绩效考核标准、提高客服人员的团队管理水平。最终目的在于通过激发员工的工作热情,提高员工的能力和素质,以达到提升网店业绩的效果。

一、客服的招聘与培训

(一)客服的招聘流程和注意事项

客服的招聘模式根据店铺工作模式的不同也有所区别。大型店铺多选择集中化的工作模式。集中化工作模式是指网店在发展的过程中已经建立起了自己的团队,有完善的办公场地和较为固定的员工,网店的内部发展与常见的公司运营没有太大差别。分散化工作模式则是以远程方式建立的团队管理模式,团队的参与者彼此分散各地,通过同一平台进行联系、共事,共同促进网店的发展(图 7-1)。小型网店为了控制成本,常采用分散化工作模式,通过网络招聘一些时间较为充足的人员,以远程指挥的方式指导和监督其工作。

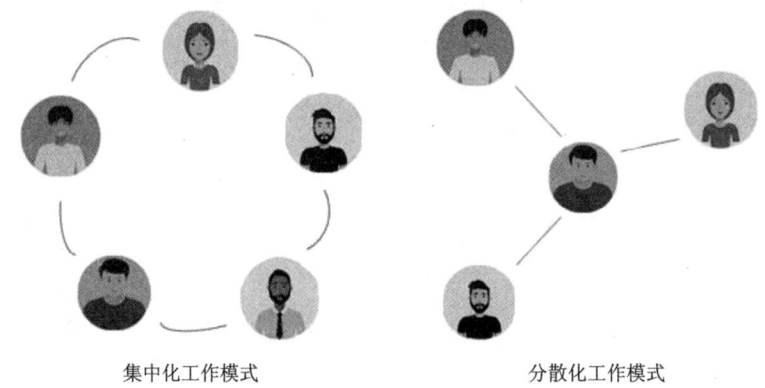

图 7-1　网店的两种工作模式图

网店在招聘客服时需要对整个招聘流程进行把控,一些大型网店的常规招聘流程如图 7-2 所示。

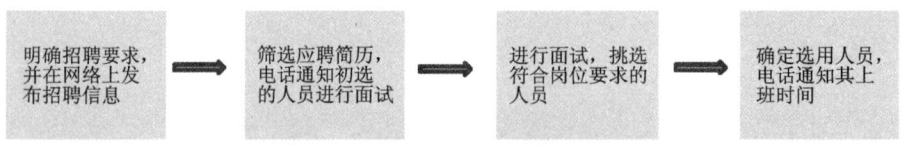

图 7-2　网店客服常规招聘流程

图 7-2 反映了网店客服招聘的常规流程,那么网店管理者在招聘客服的时候还应该注意

哪些细节呢?

1. 制订招聘计划和人才需求

在招聘客服人员之前,应先明确招聘目的、招聘职位的薪资待遇、福利和职责,以及所需的工作经验和技能要求等。例如淘宝客服岗位,想要招聘高学历人群显然是不太现实的,可招聘全职妈妈,她们需要照顾孩子和家庭,会选择这类轻松且工作技能要求较低的工作。

此外,想要招聘优质的淘宝客服人员,还需要制作招聘时间表,进行预算工作,并制订招聘计划,包括发布招聘信息的渠道、筛选简历的标准、面试方式和流程等。

2. 招聘信息和品牌宣传

招聘信息的质量和吸引力对于招聘能否成功至关重要。招聘信息应该包括企业介绍、职位描述、薪资待遇、福利和所需技能等。在招聘信息中可以突出企业的品牌形象、发展前景、企业文化和价值观等,以提高品牌的知名度和吸引力,同时也可以通过企业网站、社交媒体和行业媒体等渠道扩大品牌宣传的范围和影响力。

3. 招聘渠道的选择

选择适合的招聘渠道和筛选标准是招聘成功的关键。

可以通过人才市场、招聘网站、社交媒体和员工推荐等多种渠道发布招聘信息,以下是一些可以考虑的招聘渠道。

(1)招聘网站:在各大招聘网站上发布招聘信息,如智联招聘、前程无忧、拉勾招聘、BOSS直聘等。

(2)招聘平台:在淘宝招聘、阿里招聘、58同城等招聘平台上发布招聘信息。

(3)社交媒体:在微博、微信公众号、抖音、快手等社交媒体平台上发布招聘信息,或通过社交媒体扩大招聘信息的传播范围。

(4)内部推荐:鼓励员工通过内部推荐来招聘新员工。

(5)校园招聘:在大学校园招聘会上进行招聘,并与相关院系、学生会等建立联系。

(6)人才市场:通过人才市场招聘。

(7)中介机构:通过人才中介机构招聘。

(8)远程招聘:客服岗位是一个能够完美利用互联网和电脑的工作,可以通过招聘远程工作者这种性价比更高的方式招聘人,这不仅能够降低成本,还能够扩大招聘范围,是一个降本增效的好方法。

4. 组建面试小组

客服组长在面试小组中的作用至关重要。挑选什么样的客服人员并不是网店管理者单独决定的事情,需要和客服部、客服组长共同探讨,客服组长作为直接接触和管理客服人员的人,他们对于挑选什么样的客服人员有着清晰的认识。除此之外,网店的其他成员也应参与面试环节,这样不仅有利于各部门根据具体需求合理挑选客服人员,还能让老员工更加清晰地了解行业情况。

(二)网店客服团队组织框架的搭建

不是一群人一起做事就能称为团队,真正的团队是一个共同体,团队需要队伍里每一个成员利用其知识和技能协同工作,共同解决问题。因此,为了网店更好地发展,就需要搭建完整的客服团队组织框架,明确团队的建设需要怎样的层级结构。搭建客户团队组织框架,简单地说就是客服主管重新梳理客服团队,做到"一个萝卜一个坑",让组织成员各司其职。图7-3为综合了一些大中型网店的客服团队组织框架后,总结出来的客服团队组织框架,一些中小型的网店可以根据网店的规模对一些岗位作出适当调整。

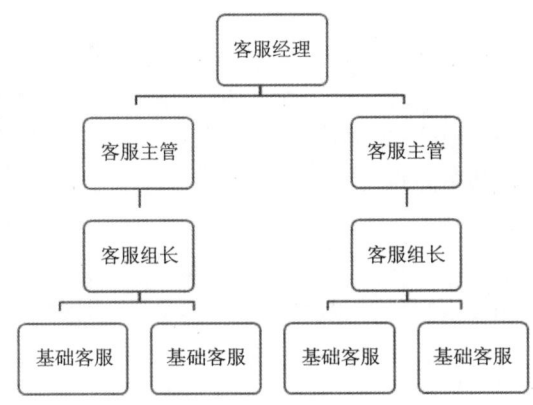

图7-3 客服团队的组织框架图

一个完整的客服部门一般包括基础客服、客服组长、客服主管和客服经理,他们的工作职责如下。

1. 基础客服

基础客服是客户在咨询商品信息时经常遇到的一类客服,他们直接与客户进行接触、交流,主要负责售前、售中、售后的处理工作以及一些常见问题的解答,同时还肩负向客户宣传店铺及推广活动等任务。

2. 客服组长

客服组长的工作主要是对基础客服进行管理、指导,监督基础客服的工作执行情况,了解基础客服在工作中存在的问题,并及时帮助其解决。对于一些重大或突发事件,客服组长要协助基础客服及时妥善处理,并将基础客服的工作情况反馈给上级领导。

3. 客服主管

客服主管要对客服部所有客服组长与基础客服进行培训,包括工作职责、工作流程、会员管理操作手册、表格登记、系统操作指导以及绩效考核等内容;制订客服培训计划并组织落实,通过培训不断提高客服人员的业务技能;完善客户常见问题的反馈及解决流程,全方位优化客户服务质量。

4. 客服经理

客服经理全面主持整个客服团队的管理工作,建立完善的客户服务体系,不断提高客户满意度,达到强化和维护企业品牌形象的目的;组织编制和完善部门内部相关制度与流程,并负责监督、贯彻执行;负责对直接下属的绩效管理工作,帮助下属提高工作绩效,不定时地抽查员工的工作情况,及时处理发现的问题,评估基础客服的工作成绩,奖勤罚懒;负责组织建立全过程的客户服务管理体系,负责公司所有客户数据库的管理,包括监督客服负责人员数据录入的及时性、完整性、真实性,客户数据的定期备份,提出建议等工作。

(三)客服培训

客服是第一个跟客户进行互动的人,对订单能否成交起到关键性的作用,因此有必要对客服团队进行持续高效的培训。通过对客服团队进行培训,能提高服务质量、强化专业知识、提升处理冲突的能力,还能减少客户流失、提升团队士气,从而打造一支优秀的客服团队。

客服培训离不开制度建设,两者结合,才能构建起一个高效、专业且可持续发展的客户服务系统。完善的制度是网店工作安排和发展的必要保证,为此,安排新入职的客服人员对网店的基本管理制度进行学习是十分必要的。客服人员在工作中必须熟悉并严格遵守网店的基本制度,一般包括日常工作规范、工作守则、行为准则、工资待遇、奖惩规定等。

除了对客服人员进行网店基本制度的培训外,还需要提高客服人员的综合能力,对客服人员的知识技能以及价值观进行培训。

1. 知识技能的培训

1)软件工具培训

俗话说:"工欲善其事,必先利其器"。千牛工作台的使用、ERP系统的操作,以及店家后台中心页面的熟悉,都是客服人员需要掌握的。对这个环节的考核,主要通过上机实操完成。

2)对商品的熟悉度

客服对商品的颜色、款式、尺码大小、销量、评价、细节知识等信息都应该了然于胸。客户询问主要是围绕商品的,因此客服人员要注重提高对商品的熟悉度,回答客户咨询的问题时应游刃有余。在培训过程中要让客服人员通过视觉、触觉和使用体验全面地学习产品知识,并且把这些产品知识转化成卖点传递给客户。

3)话术的整理

对客服人员来说,话术的整理并不是一个陌生的领域。客服人员若要快速提高自己的工作效率,设定话术是十分必要的。同时,市场在变化,网店的各种活动也在不断更新调整,客服人员的话术也要随之调整。除了客服人员要根据竞争商品、市场变化及时调整话术,店家也要对客服人员的话术进行检查和调整,有针对性地指出哪些话术是易于被客户接受的,哪些话术还有待改进。

4)平台规则培训

客服人员在上岗前需要进行平台规则考核,考核达到要求后才能上岗。客服人员需要通过场景模拟不断练习,以避免掉入平台一些常见的聊天陷阱中。每一位客服人员对于平台规则这条"警戒线"一定要保持高度警惕的状态。

2. 职业价值观的培训

职业价值观是指一个人对其职业的认知和态度,以及对职业目标的追求和向往的具体表现,简单来说就是支配人工作的信念目标,体现在客服工作中的职业价值观包含以下几个方面。

1)诚实守信

诚实守信是客服价值观的核心。客服在工作中无论对咨询的客户还是一起共事的同事都应该做到这一点。不欺骗客户,实事求是,承诺过的事情要做到,树立网店诚信经营的理念。

2)客户第一

客服工作属于服务性质的工作,服务对象是不计其数的客户,而客户的购买习惯和购物偏好又各不相同,网店客服要秉承"客户第一"的工作价值观,尽自己最大的努力为客户提供最佳购物体验。

3)团结互助

团结互助是网店所推崇的团队精神。客服团队是整个网店能够正常运转的"润滑剂",一个具有主人翁意识、积极向上、努力奋进的客服团队才是网店所需要的。

4)爱岗敬业

"干一行,爱一行"是一个人都应该具备的职业价值观,客服人员也不例外。对客服工作的热爱是支撑客服人员努力工作的动力。一个由"爱岗敬业"的员工组成的团队,往往能够创造出更高的价值。

思政园地

- 敬业是社会主义核心价值观的基本内容之一,也是社会主义职业道德的核心理念。宋代理学家朱熹说:"敬业者,专心致志,以事其业也。"即用一种恭敬严肃的态度对待自己的工作,认真负责、任劳任怨、精益求精。

  优质服务是企业参与竞争的王牌武器,也是企业不断发展壮大的基石。而优质服务更多地依赖于客服人员的综合素质。一名优秀的客服人员,首先应具备爱岗敬业精神、饱满的工作热情和认真的工作态度,而后练就善于倾听客户、了解客户、沟通客户的扎实基本功,同时应具备良好的心理素质,较强的沟通协调力、洞察判断力和自制自控力。

二、客服的激励机制

在大量枯燥无味的工作中,客服人员需要不断被激励,才能保持对团队工作的热情。客服团队的激励机制是确保员工保持高度积极性、提高服务质量的关键因素之一,有效的激励有助于提升团队的管理水平,提高团队的绩效。那么,如何建立有效的激励机制,才能让客服人员保持工作热情呢?共包含5个激励机制,分别是竞争机制、晋升机制、奖惩机制、监督机制和考核机制。

(一)竞争机制

竞争机制是市场机制的内容之一,是商品经济活动中优胜劣汰的手段和方法。在客服团队中形成积极、良性的竞争机制,是网店科学管理客服人员的基础。竞争机制一旦发挥了良性的作用,对网店的客服团队管理有着不可小觑的力量,如督促客服人员通过不断提高自己的知识与技能,来获得客户的满意。这种竞争机制一旦失衡,则会造成客服人员之间的钩心斗角、员工心理压力增大等各种负面影响。

那么,店家应该从哪些方面来实施这种良性的竞争机制呢?科学有效的竞争机制一定要有说服力的数据,让客服人员真正感受到工作的压力和挑战都来源于强劲的对手。表7-1为客服人员工作数据对比表。

表7-1 客服人员工作数据对比表

客服	付款金额/元	咨询量	成交人数/人	询单转换率/%	响应时间/s	客单价/元	退货率/%
1号	20 340	468	140	29.9	40.2	203.4	4.7
2号	90 457	1798	900	50	36.7	113.1	10.3
3号	78 954	960	689	71.8	29.6	189.7	5.4
4号	64 432	789	478	60.6	30.2	214.8	9.6

表7-1中的数据在一定层面上如实反映了客服人员的工作状态和工作能力,店家若想在客服部门形成一个良性的竞争环境,数据是最好的论证,不仅能在客服人员之间形成你追我赶的竞争趋势,还能让店家及时发现客服工作所存在的不足。

(二)晋升机制

晋升是指员工由较低层级职位上升到较高层级职位。晋升机制是指员工晋升的条件、方法与流程等内容的制度。根据调查,在众多离职原因中,晋升机制不健全有很大的占比。

客服人员的晋升机制主要分为逐级晋升和薪酬晋升,二者是不可拆分的。当客服人员的职位提升时,相应的待遇也能得到改善,当然客服人员的晋升要有一定的制度参考,而晋升的制度和条件需要店铺根据自己的实际情况进行制定。图7-4为客服人员晋升路径,可供店家作为参考。晋升的具体标准：①客服人员的在岗时间；②客服人员工作中 KPI 数据的高低；③客服人员对于业务的熟练性和上手能力；④客服人员的直接领导对其工作态度和工作作风的评判；⑤客户对于客服人员的印象和口碑；⑥客服人员在工作中表现出的管理能力和协调能力。

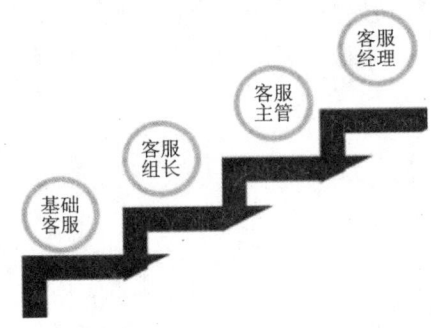

图 7-4　客服人员晋升路径

（三）奖惩机制

奖惩机制是客服团队管理中的一种重要手段，用于激励客服人员的积极性，规范客服人员的行为。奖惩机制是客服管理与考核的核心。在对客服人员的管理中，从绩效指标到压力设计，其"后台支持"都需要有一套完善、明确、可行的奖惩机制，这是客服人员服务质量的根本保障。无论是奖励还是惩罚，最终目的都是保障服务质量，获得更高的效益。

网店一般采取精神奖励和物质奖励两种形式来调动客服人员的积极性，二者缺一不可。

1. 精神奖励

精神奖励主要是指非物质性的奖励，侧重于满足员工的情感和心理需求，能够激发客服人员的荣誉感、进取心和责任心。从心理学上看，精神奖励对每一个人来说都能引起其愉快的感受，成本较低，且能够带来长久的影响。

2. 物质奖励

物质奖励是指那些可以直接转化为经济利益的奖励，如基于客服人员良好的工作表现而增加的薪酬、福利待遇。物质奖励对于调动客服人员积极性有显著作用，但其效果往往是短期的。奖励金额的多少、达到怎样的标准才有奖励，这些都需要店家根据店铺的实际情况进行设置。

实施物质奖励，要兼顾物质、荣誉、成就感、社会交往、职业发展等多方面需求。不同企业的客服部应结合自己的特点，在实践和借鉴中，摸索出一套适合自身的有效奖励方案。

表 7-2 为某企业客服人员奖励方案，对客服人员的奖励形式较为多样化，而且在物质奖励的同时，所有奖项的获奖者都有奖状，进一步强化了客服人员的荣誉感和团队文化。

表 7-2　某企业客服人员奖励方案

奖励项目	适用客服	奖励目的	奖品类型				
			奖金	纪念品	奖状	旅游	晋升或培训
最佳绩效奖	最佳绩优客服	树立团队标杆	√		√	√	√
突出绩效奖	名列前茅的绩优客服	全员努力方向		√	√	√	√
最佳微笑奖 最佳话术奖	单项最佳客服	突出强调重点细节,给全员更多的获奖机会	√		√		
突出进步奖	新客服、后进客服	激励后进者		√	√		

3. 惩罚制度

惩罚制度是客服团队管理中不可或缺的一部分,旨在规范客服人员的行为,维护组织纪律。不能只有奖励没有惩罚,当网店出现不合格的客服人员时,采取合理的惩罚制度能防止不良行为的扩散,从而确保团队的高效运行。可以根据客服人员的工作失误、违规的严重性、销售额和询单转化率来权衡惩罚的轻重。从方法上讲,惩罚措施通常包括私下批评、公开点名批评、罚款、内部处分、开除等。在大多数情况下,客服人员不同性质的错误所适用的惩罚方式,如表 7-3 的示例。

表 7-3　某企业客服人员不同性质错误的惩罚方式

错误性质	错误类型	惩罚方式				
		私下批评	公开批评	罚款	处分	开除
技能因素	工作效率偏低	√				
	出现较大责任事故	√	√	√	√	
	长期不胜任		√			√
个性因素	粗心(初犯)	√				
	粗心(屡犯)		√			
	人际关系不佳	√				
	人际关系严重影响工作		√		√	√
	服务态度不佳(初犯)	√				
	服务态度不佳(屡犯)		√			
	长期不胜任		√			√

续表 7-3

错误性质	错误类型	惩罚方式				
		私下批评	公开批评	罚款	处分	开除
品性因素	迟到或早退	√	√	√		
	多次迟到或早退		√	√	√	√
	消极怠工		√			√
	打架或偷东西		√			√

尺度合理、方法适当的惩罚措施，能提高客服人员的绩效意识。奖励和惩罚有机结合，是有效激发客服人员服务热情的关键。

（四）监督机制

监督机制是对客服人员工作情况进行跟踪监督，从客服人员的工作状态、工作成效、客户满意度以及员工认可度等方面进行监督和管理，促使客服人员的工作达到预定的目标。在对客服人员进行监督时，网店可以采用数据监控和问卷调查两种方式。首先用数据对客服人员的工作成效、进度及质量进行评估，然后通过问卷调查的方式对客户反馈的问题进行有效监督。

网店也可以制作客服人员服务情况问卷表，如图 7-5 所示，不定期发送给客户让其填写，再根据客户反馈的信息，分析客服人员的工作状态，对客服人员的工作进行监督。

尊敬的客户：

您好！非常感谢您对×××店铺的支持，为了规范网店客服的工作制度、监督客服的工作情况，最重要的是能让您享受更为贴心的客服服务，我们邀请您共同监督我们的工作，填写这份问卷表。您所提出的每一个宝贵的意见都是我们不断成长的动力！

1. 客服人员是否礼貌问好，招待您进店选购？
　□是　　　　　□否　　　　　其他_____

2. 在您向客服人员咨询相应问题的时候，客服人员的回答是否有针对性，是否真正帮助您解决了在选购商品过程中的困惑？
　□是　　　　　□否　　　　　其他_____

3. 客服人员回答您问题的过程中，您等待的时间有多久？
　□两分钟以内　□五分钟以内　□十分钟以内　　其他_____

4. 客服人员的服务态度是否良好，有无不耐烦的语气？
　□是　　　　　□否　　　　　其他_____

5. 您认为此次购物通过咨询客服人员解决了您什么问题？（可多选）
　□对商品有了更加详细的了解　　□邮费的争议　　　　　□价格的商议
　□物流的信息　　　　　　　　　□对商品质量、真伪的信心　其他_____

图 7-5　客服人员服务情况问卷表（部分）

(五)考核机制

客服绩效考核的目的不是管理客服人员,而是通过一系列系统、科学的方法来评估客服人员的工作表现,以此提升客服人员的服务水平,增加整个网店的销量。因此,客服绩效考核应该是受客服人员欢迎的,而不是让客服人员反感的。客服人员的考核方法有很多,常用的是KPI考核法。

KPI考核法将员工需要完成的工作以指标的形式罗列出来,对工作进行量化,旨在引导员工的注意力,将员工的精力从无关紧要的琐事中解脱出来,从而更加关注企业整体业绩指标、部门重要工作领域及个人关键工作任务(表7-4)。

表7-4 某网店客服人员的KPI考核表

岗位名称:			姓名:	考核时间:	
序号	考核内容	权重	详细描述		得分
1	询单转化率	30%	最终付款人数/询单人数		
2	支付率	25%	支付成交笔数/拍下笔数		
3	落实客单价	5%	客服落实客单价/店铺客单价		
4	首次响应时间	15%	首次响应时间/秒		
5	平均响应时间	10%	平均响应时间/秒		
6	售后处理	5%	退款数量/客服订单数		
7	日常管理工作	10%	处事能力(25%)		
			纪律性(50%)		
			团队合作(25%)		
总得分					
客服经理审批:					
被考核人签字:					

三、客服团队管理

网店要想打造一支高效率的客服团队,除了要有明确的规章制度和激励机制外,还要让所有成员各司其职、和谐发展。另外,团队管理者除了要具备良好的情绪管理能力、沟通能力、领导力和组织协调能力,还应科学引导客服人员的日常行为,让其保持积极、向上的心态,才能将客服团队的作用充分发挥出来,促使网店不断发展壮大。

(一)客服团队管理原则

由于网店客服的特殊性,客服团队的管理原则与一般公司团队的管理原则是有区别的,客服团队的管理原则主要有网店分配、排班、数据监督和客户投诉处理4个原则。

1. 网店分配原则

网店分配是指网店管理人员对客服人员工作的分配,应遵循以下原则。

(1)根据类目和咨询量分配,遵守专属服务原则。

(2)每个客服人员日咨询量控制在250人以内,超量则考虑增加客服数量。

(3)基本上一个小组负责一个网店,一个网店至少需要3个客服。

2. 排班原则

为了保证客服人员有充沛的精力投入工作,保障各部门有序、高效地正常运作,客服进行排班时应遵循以下原则。

(1)每位客服人员的休息时间要均匀,不要出现太大的差异。

(2)优先考虑专人做专事,每个客服人员服务自己熟悉的网店。

(3)每个客服人员的咨询量尽量均匀化,避免出现严重失衡的情况。

3. 数据监督原则

客服管理人员要学会通过分析数据,挖掘客服问题,在进行数据分析时应遵循以下原则。

(1)优先挑选重点网店进行监督。

(2)数据定期监督,安排一周3次左右的统计次数。

(3)数据一定要落实到个人,紧抓个人问题并落实改善。

4. 客户投诉处理原则

客户投诉的处理结果直接关系到客户满意度和企业形象。正确处理客户投诉不仅能够解决问题,还能化危机为转机,增强客户忠诚度。以下是处理客户投诉时应遵循的一些基本原则。

(1)及时响应。接到投诉后应尽快回应,让客户感受到问题正在被重视。对于紧急或严重的投诉,应当优先处理,以避免事态恶化。

(2)详细记录。准确记录客户投诉的具体内容,包括时间、地点、涉及的产品或服务、客户的需求等。

(3)跟进反馈。在问题解决后,主动联系客户询问其满意度,并征求进一步的意见或建议。

(二)调动客服人员积极性的手段

如何调动客服人员的积极性,增强店铺的凝聚力,是店铺面临的亟须解决的实际问题,也是店家工作中的一个难点。调动客服人员积极性的有效手段主要有以下几种。

1. 给予自信

在团队当中往往存在一些这样的客服人员：他们并不是能力差，而是在工作中缺乏足够的自信，顾虑多，从而导致工作效率低下。事实上，客服人员必须拥有足够的自信心，才能更加主动和积极地工作。因此，客服主管应当帮助这些客服人员建立自信，引导他们自信地工作。

2. 设定目标

客服主管可以通过设定工作目标来提高客服人员的工作积极性，促使其努力工作。设定目标时要注意以下两个方面。

(1) 目标具体化：设定的目标越具体，效果越好。

(2) 目标具有挑战性：设定的目标难度要合理，不要太容易实现，但也不要超出客服人员的心理承受能力。

3. 视情况使用激将法

有些客服人员的性格特点是不服输，在鼓励不起作用的情况下，管理人员可以尝试激将法。当然，激将法要适度，要视情况使用。

4. 总结数据

将客服系统统计的真实数据展示给客服人员，认真分析优秀客服人员的数据情况，让业绩较差的客服人员有针对性地提高自己的服务水平，调动其工作的积极性。

(三) 缓解客服人员压力的方法

在提供服务的过程中，为满足客户期望，客服人员不仅要严格遵守店铺的各项工作规章制度及流程，还必须通过不断的培训来熟悉各种新商品，同时还有可能面对客户投诉甚至谩骂，这些都会给客服人员带来很大的压力。压力是一把双刃剑，合理的压力能够促使人不断进步，但如果压力太大，就会带来负面影响，甚至可能引起一些身心疾病，这就要求客服人员将压力控制在适度的水平。

作为一名店主，首要工作是创造一种轻松愉悦的工作氛围，调动和协调组织内外的各种资源，通过客服团队的高效工作，实现店铺的经营目标。对于客服人员来说，压力是无法避免的，正视压力并采取积极的态度和方法去应对，可以更好地管理情绪，提高工作效率。

如何帮助客服人员缓解压力呢？建议从以下几个方面着手。

1. 培训指导，提高客服人员专业技能

不间断的培训有助于客服人员不断地提高自身的专业技能，应对客户多样化的咨询服务，更加适应自己的岗位职责。

2. 及时沟通，梳理客服人员情绪

管理人员应该将客服人员的情绪波动作为一个重点观察项目，及时对"受到委屈"的客服人员进行心理上的疏导，保证他们工作情绪的稳定。

3. 加强管理，环境舒适

客服人员的办公环境不一定非要"高大上"，但需要干净、齐整和温馨，这在一定程度上能缓解客服人员的压力。

4. 薪酬匹配，提高回报

建立完整的薪酬提升机制，根据系统反馈的客户满意度、问题解决率等真实数据，结合客服人员的具体表现情况，进行综合评估，给予客服人员匹配其付出的薪金，给予客服人员不断向上的薪酬动力。

四、课中任务实施

阿里店小蜜基于阿里巴巴集团淘宝、天猫商城、支付宝等平台日常使用规范、交易规则，凭借阿里巴巴在大数据、自然语义分析、机器学习方面的技术积累，精练了几千万条真实而实用的语料库，通过理解对话的语境与语义，实现简单的人机问答，能作为网店的私人购物助理。

阿里店小蜜是帮助网店提升接待能力、降低人工客服成本的重要工具。阿里店小蜜能替代人工客服的部分工作，在很大程度上降低了人工客服的工作量，从而减少了网店的人力投入。

（一）启用阿里店小蜜

进入千牛工作台，在导航栏左侧选择"客服"→"客服分流"→"高级设置"页面，启用"机器人配置"，如图7-6所示。

图7-6 启用"机器人配置"页面

(二)阿里店小蜜的设置

(1)登录千牛工作台后,在首页的搜索栏中输入关键字"阿里店小蜜",然后按"Enter"键,进入阿里店小蜜应用界面,如图7-7所示。

图7-7 阿里店小蜜应用首页界面

(2)进入阿里店小蜜后台配置页面,同时在千牛工作平台接待中心的阿里旺旺聊天窗口中,旺旺名称下方会显示标志,表示该店铺已启用阿里店小蜜的智能辅助功能,此时若有客户进店咨询,智能客服店小蜜将第一时间与其进行对接。

(三)了解阿里店小蜜的基本功能

1. 常见问答配置

常见问答即客户和网店客服人员之间的重复性问答,包括聊天互动、商品问题、活动优惠、物流问题等。配置常见问答可以提高网店客服人员的响应速度,改善客户购物体验。

进入阿里店小蜜界面,在左侧列表中选择"问答管理"栏下方的"常见问答配置"选项,打开"常见问答配置界面",选择问题手动添加答案。在配置常见问答时,可以为客户咨询较多的问题配置多条回复话术,避免反复回复一条话术的尴尬(图7-8)。

图7-8 "常见问答配置"界面

2. 商品知识库

商品知识库相当于阿里店小蜜的"智能大脑",用于储存店小蜜回复客户的商品知识信息,因此,客服人员要重视对商品知识库的创建和维护。

在阿里店小蜜主界面左侧的列表中选择"商品知识库"选项,打开"商品知识库"界面,选择其中一件商品,单击"知识详情",在该商品的"知识详情页面",选择"常见问答配置",为该商品添加相关内容,如图7-9所示。

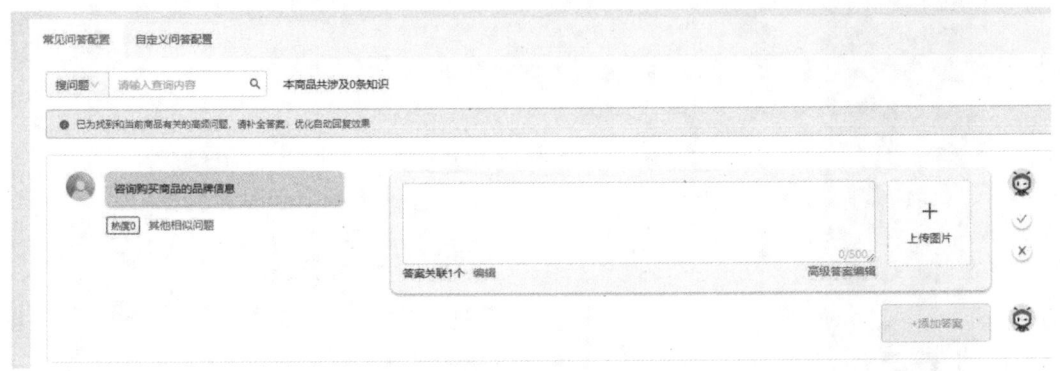

图7-9 新增商品知识库内容

3. 设置跟单助手

阿里店小蜜中的跟单助手功能可以协助网店客服人员跟进交易的各个环节。目前,阿里店小蜜已有"【催付】下单未支付""【催付】预售尾款未付""【催拍】咨询未下单""【追单】单后推荐关怀""【催收货】签收未确认"等多个任务场景。请根据需求,完成相关任务场景的设置。图7-10为阿里店小蜜的部分场景任务,图7-11为【催付】下单未支付场景任务设置界面。

图7-10 阿里店小蜜的部分场景任务

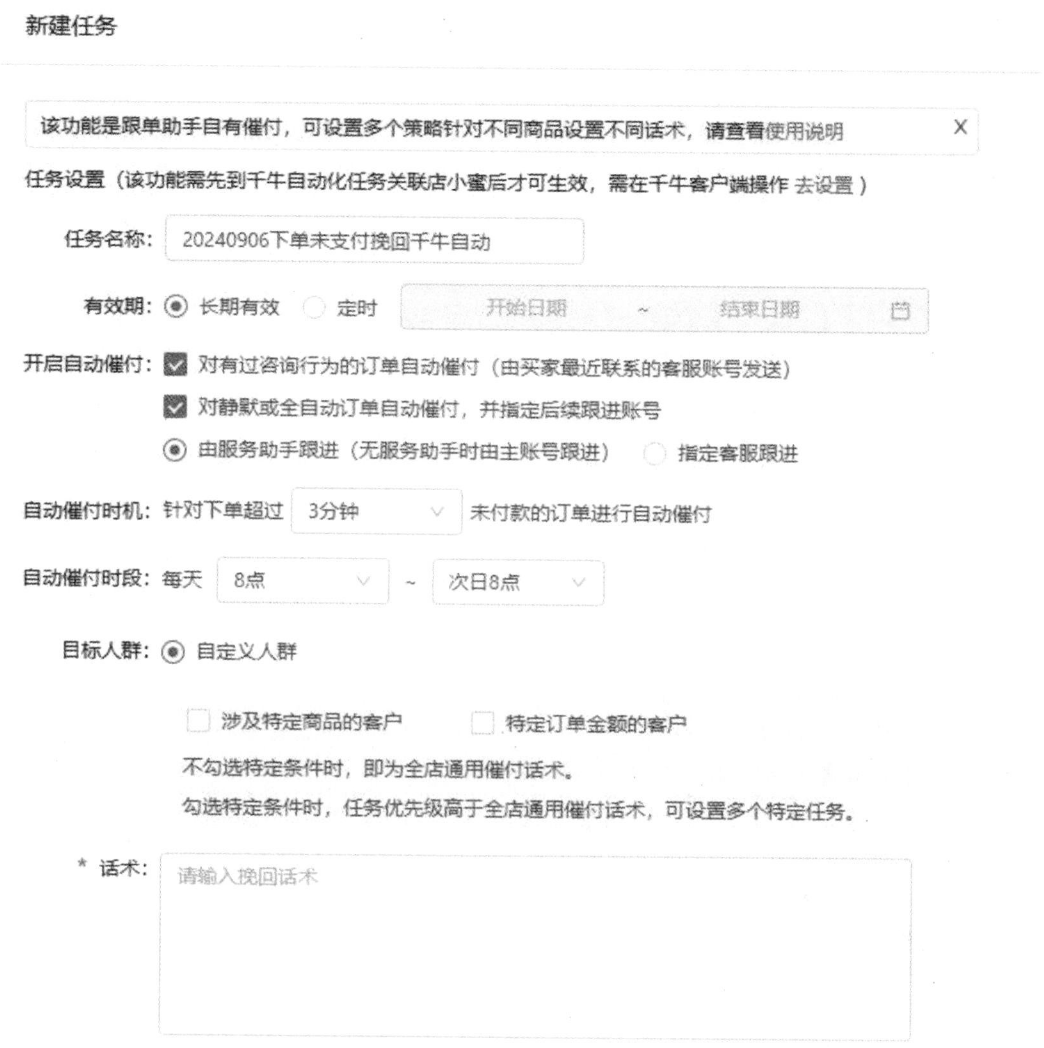

新建任务

该功能是跟单助手自有催付，可设置多个策略针对不同商品设置不同话术，请查看使用说明   ✕

任务设置（该功能需先到千牛自动化任务关联店小蜜后才可生效，需在千牛客户端操作 去设置）

任务名称： 20240906下单未支付挽回千牛自动

有效期： ● 长期有效　○ 定时　开始日期　~　结束日期　📅

开启自动催付： ☑ 对有过咨询行为的订单自动催付（由买家最近联系的客服账号发送）

☑ 对静默或全自动订单自动催付，并指定后续跟进账号

● 由服务助手跟进（无服务助手时由主账号跟进）　○ 指定客服跟进

自动催付时机： 针对下单超过 3分钟 ▽ 未付款的订单进行自动催付

自动催付时段： 每天 8点 ▽ ~ 次日8点 ▽

目标人群： ● 自定义人群

☐ 涉及特定商品的客户　☐ 特定订单金额的客户

不勾选特定条件时，即为全店通用催付话术。

勾选特定条件时，任务优先级高于全店通用催付话术，可设置多个特定任务。

* 话术： 请输入挽回话术

图 7-11 "【催付】下单未支付"场景任务设置界面

巩固练习

一、单选题

1. 客服人员的商品知识培训内容主要包括（　　）。
①商品属性；②商品热卖点；③网店活动；④日常交接工作的处理；⑤赠送礼物；⑥话术整理。

A. ①②③④⑤

B. ②③④⑤⑥

C. ①②③⑥

D. ①②③④

2. 下列选项中，不属于客服人员知识技能的是（　　）。

A. 话术的整理

B. 客户第一

C. 对商品的熟悉度

D. 对客户的分析能力

3. 下列选项不属于客服关键考核指标的是（　　）。

A. 询单转化率

B. 客户流动率

C. 客单价

D. 退款率

4. 合理调动客服人员积极性的方法，不包括（　　）。

A. 一对一指导

B. 职位迁升

C. 鼓励提升职业素养

D. 不断认可

二、判断题

1. 诚实守信是客服价值观的核心。（　　）
2. 爱岗敬业的职业价值观是客服人员工作进步的源泉。（　　）
3. 客服人员执行能力的强弱最终体现在其能否完成销售目标上。（　　）

三、简答题

1. 简述对客服人员知识培训的内容。
2. 简述客服团队管理原则。

四、实践题

1. 假设你是一名店长,为了激发客服人员的积极性,请针对本店客服人员的具体情况制定一个有效且可以执行的激励机制,具体要求如下:①建立良好的竞争机制;②根据晋升机制选拔网店中的客服人员;③对客服人员使用合理的奖惩机制,注意物质奖励与精神奖励结合使用;④利用监督机制评估客服人员的工作情况,可以通过数据监控来评估客服人员的工作。

2. 在网络中寻找网店的管理制度,分析网店的基本制度包括哪些方面。

3. 若你负责网店新进客服人员的培训工作,请设计培训方案,应从哪些方面培训新入职的客服人员?

任务实施评价

★学生自评表

序号	技能点自评	评价标准	达到	未达到
1	客服招聘信息的发布	掌握招聘渠道选择以及招聘信息的发布		
2	客服知识的培训	掌握客服工作中常见的知识和技能		
3	客服考核机制的使用	掌握使用考核机制进行自我考评		
4	阿里店小蜜的使用	掌握阿里店小蜜全自动配置模式的设置		
序号	素质点自评	评价标准	达到	未达到
1	增强团队精神	能够在任务实训中与团队成员良好协作,共同完成任务		
2	树立"总结—反思—提升"意识	树立勤于思考、善于总结、沟通协作的客服职业素质		
3	树立实事求是的职业道德	在跟客户沟通过程中做到实事求是		
4	树立服务意识	树立"不厌其烦、精益求精"的服务意识		
5	培养服务精神	培养"以客户为中心"的服务精神		

★教师评价表

序号	技能点自评	评价标准	达到	未达到
1	客服招聘信息的发布	掌握招聘渠道选择以及招聘信息的发布		
2	客服知识的培训	掌握客服工作中常见的知识和技能		
3	客服考核机制的使用	掌握使用考核机制进行自我考评		
4	阿里店小蜜的使用	掌握阿里店小蜜全自动配置模式的设置		
序号	素质点自评	评价标准	达到	未达到
1	增强团队精神	能够在任务实训中与团队成员良好协作,共同完成任务		
2	树立"总结—反思—提升"意识	树立勤于思考、善于总结、沟通协作的客服职业素质		
3	树立实事求是的职业道德	在跟客户沟通过程中做到实事求是		
4	树立服务意识	树立"不厌其烦、精益求精"的服务意识		
5	培养服务精神	培养"以客户为中心"的服务精神		

主要参考文献

白东蕊,2021.网店客服:理论、案例与实训(微课版)[M].北京:人民邮电出版社.
崔恒华,2018.网店客服实操[M].北京:电子工业出版社.
电商运营研究室,2016.淘宝网店运营实用教程客服篇[M].北京:人民邮电出版社.
方荣华,王勤,2016.电子商务客户服务[M].北京:电子工业出版社.
黄守峰,黄兰,张瀛,2022.直播电商实战[M].北京:人民邮电出版社.
刘建珍,刘亚男,陈文婕,2022.网店金牌客服[M].2版.北京:人民邮电出版社.
田玲,2017.客户关系管理[M].北京:北京交通大学出版社.
余娜,邓虹,2023.网店客服实战教程[M].北京:人民邮电出版社.